「動く総合病院」が
診療所経営を変える

在宅専門医
という生き方

医療法人社団 貞栄会 理事長 医学博士

内田 貞輔

JMP
日本医療企画

「動く総合病院」が地域医療を変える！

　私は 2015 年に静岡県静岡市駿河区において在宅医療を専門に提供する静岡ホームクリニックを開院しました。「動く総合病院」をコンセプトに掲げ、24 時間 365 日体制で看取りを重視した質の高い在宅医療の提供に力を注いできました。2019 年には東京都港区三田と千葉県千葉市稲毛区、2022 年には愛知県名古屋市緑区に分院を開設し、4 つの在宅医療専門クリニックを展開しています。患者数は 3,500 人以上、看取り件数は 1,000 人を超えています。

　分院展開を図っているのは、静岡での在宅医療の取り組みや実績を評価していただき、高齢者施設から協力のご依頼をいただくことが増えたためです。私たちの在宅医療がその地域に少しでも貢献できるのであれば、とても大きな喜びです。

　高齢化が進むわが国では、在宅医療のニーズが急激に増えています。在宅医療を受ける患者数は、団塊の世代がすべて 75 歳以上となる 2025 年には 100 万件（レセプト件数）に達するという予測があります。これは 2010 年時点の約 30 万件と比較すると、3 倍超に増えるということです。

　静岡市の場合、現在の在宅患者数は約 4 万人ですが、2025 年には 1.5 倍の約 6 万人になると見込まれています。その受け皿となる在宅医の数はある程度の増加が期待されていますが、1.5 倍はとうてい不可能です。仮に増加する在宅患者数 2 万人のうちの 25％で

ある 5,000 人を在宅医療に新規参入した開業医が診たとしても、残り 1 万 5,000 人は在宅医療を受けられず、結局は病院が引き受けることになります。加えて、在宅医療を普及させるためには、在宅医療を担う看護師や介護従事者などを増やすことも不可欠です。

　これは静岡市だけの話ではなく、全国的な現象で、特に都市部では在宅医療の不足が深刻化しています。そのため、私たちは静岡の本院の体制を強化するとともに、近隣地域や他の都市部でも分院を展開することに大きな意義があると考えています。

　私はこれまでに 2 冊の本を出版しました。いずれも一般の方に在宅医療を知ってもらうことが目的で、在宅医療とは何かを具体例を交えてわかりやすく解説したものです。それに対して本書は、医療・介護従事者を主な読者対象として執筆しました。私が考える在宅医療のあるべき姿、私たちが目指す在宅医療とその実践についてご紹介することで、医師や看護師の方々に在宅医療の魅力、やりがいなどを知っていただきたいと思っています。

　本書を手にした医療・介護従事者の方々が一人でも多く在宅医療に興味を持っていただければ、望外の喜びです。

医療法人社団 貞栄会 理事長
内田貞輔

目 次

PART3

組織の成長を支える
マネジメントと人材育成 ························· 61

PART 4

在宅専門医という生き方 ・・・・・・・・・・・・・93

PART 5

医療法人社団貞栄会が目指す
地域医療の将来像 ・・・・・・・・・・・・・・105

PART 6

Prologue

印象深い
「在宅看取り」の
エピソード

73歳で肺がんを発症したAさんのケース

●終末期の不安にとことん寄り添う

　73歳で肺がんを発症したAさん（男性）は、病院で抗がん剤治療などを行っていました。しかし、思うような効果が得られず、化学療法の治療がひと段落したところで病院を退院され、本人の希望により自宅で在宅療養を始めることになりました。

　私たちが訪問を開始した当初、Aさんは日常生活にほとんど支障はなく、お気に入りのソファーに座りながら生活をされていました。ご夫婦二人暮らしで、奥さんとの仲もよく、一緒に座ってコーヒーを飲んでいる姿をよく見かけました。

　訪問を始めてから3か月ほど経過した頃から、徐々にADL（Activities of Daily Living：日常生活動作）の低下を認めました。また、食欲不振があり、ご本人も体力の衰えを感じていたのかもしれません。訪問診察のときに先行きへの不安を口にされることが増えてきました。

　当時は月1回程度、総合病院の主治医のところにも通院していて、主治医と私との間でAさんの状態の変化を情報提供書でやりとりしていました。通院が困難になってきたことや、ご本人が「自宅で穏やかな最期を迎えたい」という意思を強く持っていたこともあり、主治医とご家族と相談し、病院への通院はなるべく控えて、自宅で緩和ケアを中心にした生活を送る方針に切り替えました。

　時間とともに、がんの進行が認められ、呼吸苦や骨転移などが疑われる腰の痛みが現れてきました。呼吸苦に対しては在宅酸素療法

を行い、麻薬を使用して痛み止めの調節を行いました。がんの進行とともに痛みは次第に増していきました。痛みに対して内服薬から貼り薬、注射薬というように薬剤の種類や投与量、投与方法を調整し、できるだけ苦痛を抑えられるように努めました。

　それと同時に私たちは、ご本人だけでなくご家族に対しても、終末期の不安をいかに和らげるかという点にも力を注ぎました。ご夫婦二人暮らしですから、介護を担う奥さまの不安や介護負担をサポートすることも非常に重要です。実際、痛みに苦しむご主人を見ているのがつらくなった奥さまが、「やっぱり病院に入院させたい」とおっしゃられたこともありました。また、夜間などに肺に水が溜まって苦しそうにしているご主人を見て「不安で仕方がない」と訴えられたこともあります。

●在宅看取りに向けて家族が団結

　終末期に向かう患者さんや、それを支えるご家族に対して、私たち医療者がすべてに対応できるわけではありません。それでも最大限、奥さまの不安を受け止めるとともに、今後、起きるであろうことを説明し、十分に話し合いながら看取りの方針を確認するという作業を何度も繰り返しました。

　こうしてコミュニケーションを密に取ることにより、奥さまの不安は次第に薄れ、ご主人を「自宅で看取る」という決意がしっかりと固まったと感じました。

　Aさんご夫婦には、娘さんたちがいました。遠方に住んでいることもあり当初は疎遠でしたが、在宅医療で経緯を見守るなかで、徐々に私たちの話し合いにも参加してくれるようになりました。そして、お父さんを自宅で看取るという目標に向けて、家族が団結していく

様子がはっきりと見て取れました。

　Ａさんが食事もほとんどとれなくなった最後の２週間ほどは、私たち医療スタッフもほぼ毎日訪問し、娘さんたちも交代で実家に泊まり込み、奥さまと一緒にＡさんに懸命に寄り添っていました。最終的に家族が１つの絆で結ばれ、Ａさんの希望どおり、とても穏やかな最期を迎えることができました。

　私たちは家族を在宅で看取ることの温かさと、「命をつなぐ」ことの尊さを再認識させてもらったと感謝しています。

　Ａさんを診るなかで、最も印象に残ったのは、「最期まで自宅で過ごしたい」という本人の希望と、「自宅で見送ってあげたい」というご家族の希望を叶えることができたということです。

　総合病院の主治医と連携がスムーズにできたことも大きかったです。退院前カンファレンスで主治医がＡさんの希望をしっかりと確認されており、また在宅で状態が変化した際も主治医と密に連携が取れたことで、自宅での看取りも強い助けになりました。

　在宅医療は「支える医療」です。病院での治療に比べ、できる医療行為が限られている面があるのは事実です。しかし、使える医療資源のなかで、どうすれば患者さん本人やご家族が満足のいく生活を送り、温かい終末期を過ごせるのか。そうした点を大事にした診療を行うことが大切なのだと改めて強く感じました。

脳梗塞で寝たきりになったＣさんのケース

●家族の負担を極力減らせるサポート体制を整備

　Ｃさんは70代になって脳梗塞を２回起こし、寝たきりになってしまった女性です。食物の飲み込みも困難なため、経管栄養、気管切開の状態で、療養型病院に長期入院されていました。入院期間が２年を過ぎた頃、主治医からご主人に在宅医療の話があり、Ｃさん本人の希望も踏まえて退院し、自宅で在宅医療を始めました。

　Ｃさんは経管栄養や気管切開をしていたため、在宅では１日３回の経管栄養、気管切開内の痰吸引という医療行為が必要でした。ご主人と同居する独身の娘さんは、病院で医療行為の指導を受けましたが、毎日行うのは負担が大きくなるという懸念があり、退院前カンファレンスでも不安を抱いていました。そこで私たちは、介護者であるご主人と、仕事をしている娘さんの負担をできるだけ減らせるようにサポートする体制を整えました。

　具体的には、訪問介護と訪問看護を頻回に導入してもらいました。家族が行う医療行為の手技の確認も定期的に実施し、ご家族が「これでいいの？」という不安を軽減し、緊張感や負担感を解消するように努めました。また、お二人が心身を休められるように、ショートステイも定期的に利用してもらいました。

　Ｃさんは寝たきりのため、褥瘡の予防も指導が必要でした。褥瘡のできやすい部位に圧力がかからないようにクッションなどを使用したり、定期的な体位交換の方法などを医師と看護師、介護職員で協力して指導しました。

●話し合いを重ね、看取りの方針を決める

　在宅での介護が始まった当初は、お二人とも生活が大きく変わり、戸惑いや疲労感がたまっている様子が見受けられましたが、介護に慣れるにしたがい、徐々に落ち着きを取り戻されていきました。ご主人は「在宅で世話をするのは大変さもあるけれど、妻が時折見せる穏やかな表情を見るのがうれしいし、心温まる瞬間です」とおっしゃっていました。

　在宅療養を始めて10か月ほど経った頃、Cさんは臓器の機能が衰え、経管栄養も困難になってきました。そこで点滴で水分を補いながら、ご家族と看取りについて本格的な意思の確認をすることにしました。

　臓器障害の場合、亡くなるまでの経過は、がんに比べると明確ではありません。これまでがんばってきたし、いろいろと手当てをすればもう少し長く生きられるのではないかとご家族も考えて、迷いが生じやすいものです。私たちは診療のなかで、ご家族の看取りの方針が決まるまで何度も話し合いを重ねました。そして「在宅看取りをする」と意思が固まったあとは、頻回に訪問し、Cさんの状態を見ながら、ご家族に看取りについて説明を重ねました。

　そうして早春のある日、ご主人と娘さん、集まったご家族に囲まれながら、Cさんは住み慣れた自宅で穏やかに旅立たれたのです。

●病気ではなく、人を診ることが重要

　私たち医師や看護師など医療従事者が正しいと思って行うことが、必ずしも患者さんやご家族のためになっているとは限りません。病院では「治す」ことを念頭に、医療従事者は努力しています。し

かし、無理な治療はむしろ患者さんの負担になってしまうこともあります。

　医療従事者は患者さんの死を数多く経験しているので、よくも悪くも死に対して冷静です。ある程度、患者さんの予後を予想できてしまうこともあります。しかし、患者さん本人にとっては、死の意味はまったく違います。それは１度きりの、生まれて初めて遭遇する出来事です。家族にとっても、大切な家族との別れは、はかりしれない重大な出来事です。

　Ｃさんのご家族もそうでした。看取りをするという、つまり死に向けて準備することに対して、最初はなかなか受け入れられませんでした。特に娘さんは、看取りについて話す私たちに反発することもありました。悲しみと孤立感に陥っている時期もありました。

　精神科医のキューブラー・ロスは、人間が自分自身や身近な人の死を受け入れるまでには、心のなかでさまざまな葛藤をするプロセスがあり、そのための一定の時間が必要だと説いています（「死の受容」５段階モデル）。私たち医療従事者ができることは、患者さんやご家族の揺れる気持ちにしっかりと寄り添い、耳を傾け、受け止めてあげることです。

　一方で、死を受け入れる葛藤も含め、在宅で過ごした時間こそが患者さんやご家族にとって、かけがえのない貴重なものでもあります。Ｃさんの診療を通して、医師は病気ではなくて、人を診るという初心に立ち返ることができ、その後の私の在宅医療に取り組む姿勢に強く影響を与えてくれました。

　われわれ医師は、最終的には死にあらがうことはできません。しかし、医師として「人の痛みと優しさがわかる人間性」を忘れず、私は今後も診療に向き合っていきたいと考えています。

人生の最期をどのように迎えるか

　この2つの家族のように、在宅療養をしている高齢者とご家族にとって、避けて通れない難題があります。人生の最期をどこでどのように迎えるかという問題です。

　日本人の「死」に対する感覚や「亡くなる場所」は、時代とともに大きく変化しています。戦後間もない頃までは、高齢になって病気になったり身体が動かなくなったりすると、自宅で療養して、そのまま最期を迎えるのが普通でした。しかし、戦後の復興とともに全国に医療機関が整備され、1976年には病院で亡くなる人が、自宅で亡くなる人を上回るようになりました。近年は病院で最期を迎える人が約8割に達しています。

　その一方で、超高齢社会である現代は、病院偏重の死のあり方に疑問を呈する声が高まっています。背景には、病院の「どこまでも治療する」方針や、1分1秒でも長く生かすことを目指した延命治療が高齢者の心身にとって苦痛が大きいことがわかってきたことがあります。また、日本人の死生観の変化もあります。「終末期になっても、いままでと変わらない生活スタイルで過ごしたい」「自分らしく人生を終えたい（その人らしく人生を終えてほしい）」と考える高齢者や家族が着実に増えています。

　そこで改めて注目されているのが、人生の終盤を住み慣れた自宅で過ごし、そこで最期を迎える「在宅死」「在宅看取り」です。厚生労働省「人生の最終段階における医療に関する意識調査報告書」（2018年3月）によれば、「どこで最期を迎えることを希望しますか」という設問に対し、一般国民の69.2％が「自宅」と回答しています

（**図表 0-1**）。しかし、実際には、自宅で亡くなる人の割合は全国平均で 13.6％にすぎません（**図表 0-2**）。地域差もありますが、まだまだ病院で亡くなる人が圧倒的に多いのが現状です。

図表 0-1　人生の最期を迎えたい場所

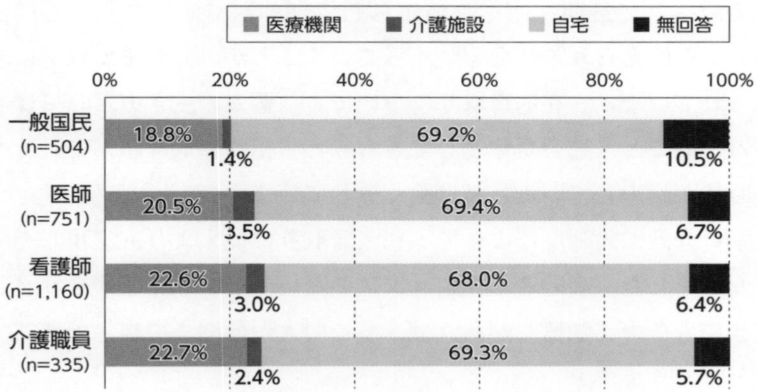

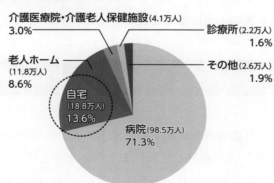

出典：厚生労働省「人生の最終段階における医療に関する意識調査報告書」（2018 年 3 月）

図表 0-2　場所別の死亡者数（2019 年）

出典：厚生労働省「人口動態統計」をもとに作成

前述の意識調査では、「自宅」を選択した人に「自宅で最期を迎えることを希望した理由」を尋ねています。一般国民が回答した理由（複数回答可）の上位４つは「住み慣れた場所で最期を迎えたいから」（71.9％）、「最期まで自分らしく好きなように過ごしたいから」（62.5％）、「家族等との時間を多くしたいから」（50.7％）、「家族等に看取られて最期を迎えたいから」（35.8％）です。こうした国民の希望を叶えられる社会をつくっていくことが、これまで以上に求められています。在宅看取りについても、個人の生き方としてはもちろんのこと、社会全体としてももっと積極的に取り組んでいくべき時代が到来していると私は強く感じています。

　幸い介護保険制度によって、在宅看取りは従来よりも実現しやすくなりました。高齢者本人に「家にいたい」という希望があり、ご家族にもその「覚悟」があれば、多くの人が最期まで自宅で過ごすことができます。

　もちろん、看取りの場所をどうするかは、高齢者自身もご家族もいろいろな思いや事情があり、決めるのは容易ではありません。迷ったり、葛藤するのが普通です。私たち在宅医療のチームは、そうしたプロセスも含めて全面的な支援を行っています。

納得できる最期を患者・家族とともに考える

　実際に看取りの場所を検討するタイミングは、いわゆる「終末期」に近づいてきた頃が多いと思われます。終末期とは、「医師の診断に基づいて、心身機能の衰弱が著明で明らかに回復不能な状態であり、かつ近い将来確実に死に至ることが差し迫っている状態」と定

義できます。この終末期に至る経過は、病気の種類によってもずいぶんと様子が異なります。

　たとえば、日本人の死因第1位のがんの場合、終末期は短い傾向があります。治療・療養を続けている間は、心身の機能は比較的よく保たれていますが、亡くなる2か月ぐらい前から急速に全身の機能が悪化し、最期を迎えるケースが多くなっています。そのため、病院での治療を終えて在宅医療に移行する際は、最初から「自宅で看取りまで」という希望を持って、在宅医療を始める患者さんも少なくありません。

　対して、心疾患や脳卒中、慢性呼吸器不全といった臓器の疾患の場合は、数年単位で徐々に終末期に至るケースが多くなります。最初の発作が起きたあとは、治療やリハビリが奏功すれば、状態はある程度まで回復します。しかし、何度か発作を繰り返すうちに徐々に心身の機能が低下していき、約2〜5年の間に多くの患者さんが最期を迎えます。ですから、どこからが終末期かという目安があまり明確ではないため、家族も治療を続けるか、看取りを進めるかなど、迷いが生じやすい面があります。

　一方、認知症や老衰の場合は、さらに長い経過になることもあります。年々ゆっくりとしたペースで心身の機能が低下していき、数年から十数年の療養を経て、最期に至る例も少なくありません。そうすると家族の介護の期間が長くなり、負担も大きくなりますが、その分、看取りについてじっくり考えることができるという側面もあります。

　いずれにせよ、在宅療養をしている高齢者に「最期まで自宅で過ごしたい」という意思があり、家族もそれを叶えようという気持ちが固まった時点で、医師を中心に在宅看取りの準備を進めていくこ

とになります。

　もちろん、いったんは在宅看取りの方針を決めても、家族が不安になったり、迷いが生じることがあります。そのときには方針を変えることもできます。私たち在宅医療の従事者にとって大切なのは、何度も話し合いを重ねて、患者本人と家族がともに「納得できる最期」「満足できる看取り」を考えていくことです。

人工栄養や輸液はむしろ有害

　終末期になり、看取りのときが近づいてくると、高齢者の心身にはさまざまな変化が表れます。まず、水分や食べ物が欲しくなくなり、食べることへの興味が薄れます。身体が食べ物を受け付けなくなっている状態です。

　口から物を食べられなくなったときにどうするかは難しい問題です。人工的に栄養を補う方法には、胃ろう、腸ろう、経鼻経管栄養などの経管栄養のほか、中心静脈栄養、末梢点滴などがあります。かつて病院では、こうした方法を終末期の高齢者に対して勧めることが少なくありませんでしたが、最近の緩和医療の世界では、人工栄養や輸液は終末期の高齢者にとって、むしろ有害という認識が広まりつつあります。

　欧米や豪州などでは「死が迫った高齢者に胃ろうを造設するのは虐待」であると考えられています。消化吸収機能も落ちている高齢者に過剰な栄養や水分を与えれば、むくみや痰の増加による気道閉塞などを招き、かえって苦痛が大きくなるからです。

　食事や水分をとらずにいると脱水傾向になりますが、このとき、

脳内麻薬（βエンドルフィン）が増加して鎮痛鎮静作用が働き、本人は苦痛を感じない状態になると言われています。

　本人が「胃ろうなどは希望しない」という意思表示をしていれば、私たちはそれを尊重します。家族が判断しなければならない場合は、医師と相談しながら、本人の苦痛がより少ない方法を検討します。

　水分や食事をとれない高齢者に対し、「何もしないで見ているのはつらい」という家族もいます。そういう場合、私は点滴を1日500ml程度入れるのは悪くないと考えています。それくらいの量であれば、むくみなどの心配もなく、家族の心も穏やかになり、意味のあることだと思います。

訪問回数を増やし、穏やかな最期をサポート

　患者さんの看取りが近づいてくると、呼びかけても反応が少なくなります。うとうとした状態が続き、時間や場所がわからなくなったり、亡くなった人がそばにいるといった幻覚のような話をしたりもします。さらに、むくみや皮膚の乾燥が進んだり、呼吸が不規則になったり、喉がゴロゴロいったり、手足が冷たくなる、尿量が減るといった変化も表れます。こうしたサインがあったときは、余分な薬や治療をやめて、穏やかに過ごすことを第一に考えます。

　療養中には、血圧や心不全などの薬を飲んでいる患者さんも多くいますが、この段階になったら、飲み薬は原則ゼロにします。必要なときは貼り薬や点滴を使うなどして、薬の投与は必要最小限にします。

　なお、がんの終末期の場合は、痛みなどの苦痛に対する緩和ケア

が重要になります。痛みや苦痛は患者さんの QOL（Quality of Life：生活の質）を大きく損ねるため、鎮痛薬などで緩和することが重要です。身体的な痛みについては、その程度に合わせて段階的に鎮痛薬を変えながら使います。痛みが軽いうちはアスピリンやアセトアミノフェンといった鎮痛薬を用い、中程度以上になってきたらオピオイド（麻薬）系のモルヒネやフェンタニルなどの薬剤も使います。鎮痛薬の剤形もはじめは内服薬ですが、状態に合わせて貼り薬、座薬、皮下注射と切り替えていきます。また、神経性の痛みや心理的な苦痛が強いときは、そうした症状を緩和する薬剤を用いることもあります。状態に応じて適切な薬剤を使用すれば、がん性疼痛の80％はコントロールが可能です。

　看取りが近づいてきた患者さんにはこうした治療を行いつつ、訪問診療や訪問看護の回数を増やし、患者さんとご家族の見守りを手厚くしていきます。毎日の訪問を原則に、最期の1か月ともなれば1日2回、1か月で数十回に及ぶこともあります（**図表 0-3**）。家族の不安に寄り添うことが大切です。

図表 0-3　終末期に向けた訪問回数のイメージ

もともと2週間間隔より頻回、終末期に向けてはより頻回となる

　最期まであと数日という頃になると、患者さんは終日ほぼ眠っている状態になり、呼びかけにもほとんど反応しなくなります。尿が出なくなる、血圧が下がる、指先などにチアノーゼ（紫色に変色）が出るといった変化も見られます。臨終が近づくと、顎を上下させて大きく息をする独特の呼吸（下顎呼吸）が表れます。これは家族からすると非常に苦しそうに見えますが、この段階では本人はもう苦痛を感じていません。

　患者さんのこうした姿を見るのは、家族にとってはつらい時間ですが、できるだけそばに付き添ってあげられるようにと、私たちは助言しています。そして、別れの言葉やこれまでの感謝の気持ちを伝えてくださいと話をしています。実は、どれほど意識が薄れていても、人間の聴覚や触覚は最後まで保たれているのです。ですから、ご家族の言葉はしっかりと本人に伝わっているはずです。

　こうして患者さんは旅立っていきます。自然な最期は穏やかなものです。このように住み慣れた自宅で、家族や親しい人たちが心を込めて見送る時間を存分に持てるのが、在宅看取りのよさです。

旅立つ家族から「命を受け継ぐ」

　在宅看取りをどのくらい重視しているかは、医療機関によって差があります。私たちのクリニックでは、「患者さんが望む場所で最期を迎えられること」を基本方針とし、本人に「最期まで在宅で」という希望があれば、それを叶えられるように力を入れてきました。その結果、過去5年間の実績では在宅療養をされている人のうち8〜9割は自宅（有料老人ホームなどの施設を含む）での看取りを実

図表 0-4　静岡ホームクリニックの在宅看取り率

2016	2017	2018	2019	2020	2021
80.50%	78.90%	88.69%	86.67%	92.75%	92.80%

現しています（**図表 0-4**）。これは全国でもトップクラスの在宅看取り率といえます。

　在宅看取りは、遺される家族が先に逝く人から「命を受け継ぐ」ための貴重な経験だと私は考えています。在宅看取りをすることで、見送る人たちは、人間の自然の最期というものを実体験として知ることができます。また、在宅療養から看取りまでの過程は、家族の絆やかけがえのない命の大切さを心の深いところで感じる機会でもあります。

　在宅看取りを終えたご家族は、別れの悲しみのなかにあっても、達成感に満ちた誇らしい表情をされています。そういうシーンに立ち会うたびに、私は患者さんとご家族の「人生の充実」に貢献できる在宅専門医という仕事を選んで本当によかったと心から思います。そして、在宅看取りこそが、在宅医療の真価が問われる最も重要な核になるものだと確信しています。

PART 1

なぜ、いま在宅医療が求められているのか

高まる在宅医療に対する期待

　日本は現在、4人に1人が65歳以上という超高齢社会です。高齢化率は今後も上昇し、2025年には約30％、2060年には約40％に達すると予想されています。

　高齢者の入院需要が急増することで、病院のベッド数の不足が懸念されています。何らかの疾病を抱える高齢者が病院以外で病院と同じような治療を受けられる医療体制の確立が喫緊の課題です。つまり、「在宅医療」の重要性がますます高まっているのです。

　実際、在宅医療を受ける患者数は増加しています。厚生労働省「2020年社会医療診療行為別統計」（2021年6月30日）によれば、2020年6月審査分（5月診療分）レセプトで、在宅患者訪問診療料（主治医による診療）を月1回以上算定されていた患者さんは約83万人となっており、団塊の世代がすべて後期高齢者（75歳以上）となる2025年には100万人に達するとされています。

　国も医療費の抑制などを目的に、入院患者を在宅医療に移行させる方向で動いています。在宅医療の受け皿を増やすために、在宅医療に関する診療報酬を手厚くして積極的に後押しをしてきました。2006年には「在宅療養支援診療所（在支診）」、2008年には「在宅療養支援病院（在支病）」の基準を整備し、2012年には機能強化型を創設しました（**図表 1-1**）。在支診・在支病は在宅医療の主たる担い手として期待されている診療所・病院のことです。その総数は年々増加傾向にありましたが、2016年の約1万6,000施設をピークにほぼ横ばいで推移しており、在宅医療に取り組む医療機関、医師を増やすことが求められています（**図表 1-2**）。

図表 1-1　在支診・在支病の主な施設基準

| | 機能強化型在支診・在支病 | | 在支診・ |
	単独型	連携型	在支病
すべての在支診が満たすべき基準	❶ 24 時間連絡を受ける体制の確保 ❷ 24 時間の往診体制 ❸ 24 時間の訪問看護体制 ❹緊急時の入院体制 ❺連携する医療機関等への情報提供 ❻年に 1 回、看取り数等を報告している		
すべての在支病が満たすべき基準	「在宅療養支援病院」の施設基準は、上記に加え、以下の要件を満たすこと。 （1）許可病床 200 床未満※であること、または当該病院を中心とした半径 4km 以内に診療所が存在しないこと （2）往診を担当する医師は、当該病院の当直体制を担う医師と別であること ※医療資源の少ない地域に所在する保険医療機関にあっては 280 床未満		
機能強化型在支診・在支病が満たすべき基準	❼在宅医療を担当する常勤の医師 3 人以上	❼在宅医療を担当する常勤の医師 連携内で 3 人以上	
	❽過去 1 年間の緊急往診の実績 10 件以上	❽過去 1 年間の緊急往診の実績連携内で 10 件以上 各医療機関で 4 件以上	
	❾過去 1 年間の看取りの実績または超・準超重症児の医学管理の実績いずれか 4 件以上	❾過去 1 年間の看取りの実績連携内で 4 件以上 かつ、各医療機関において、看取りの実績または超・準超重症児の医学管理の実績いずれか 2 件以上	

出典：中央社会保険医療協議会総会資料「在宅（その 1）について」
（2021 年 8 月 25 日）をもとに作成

図表 1-2　在支診・在支病の届出数の推移

●在宅療養支援診療所は増加傾向であったが、近年は概ね横ばい。在宅療養支援病院は増加傾向。

※各年7月1日時点

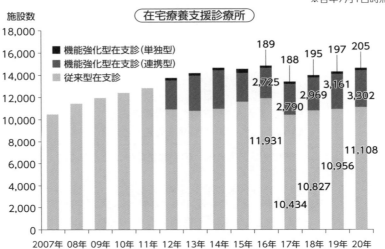

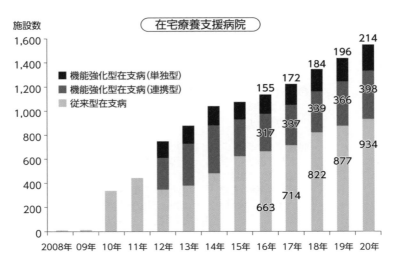

出典：中央社会保険医療協議会（第 490 回）資料「在宅（その 2）」
（2021 年 10 月 13 日）をもとに作成

在宅医療の普及には啓蒙活動が重要

　在宅医療の普及には、社会に対するより一層の啓蒙活動が重要になります。在宅医療は少しずつ一般の方にも認知されつつありますが、まだまだ十分に理解されているとは言い難い状況です。

　たとえば、身体に麻痺が残る親を家族が病院まで付き添って連れて行くとします。親の身支度を済ませ、手配しておいた介護タクシーに車いすごと乗車させます。病院に着いたら診察まで待たされます。さらに検査や診察を受けるために車いすで院内を何か所も回ります。その労力は患者さん本人も介護する家族も大変なものです。費用の面においても往復の介護タクシー代だけで月に数万円かかることがあります。

　本来、こうしたケースで真価を発揮するのが在宅医療です。厚生労働省の定義では、在宅医療を利用できるのは「独力で通院が困難な人」となっています。したがって誰かに連れ添ってもらわなければ通院できない人は、すべて在宅医療の対象となります。しかし残念ながら、在宅医療の仕組みが詳しく知られていないため、潜在的なニーズに対して実際の利用者は非常に少ないのが現状です。私たちの法人でもさまざまな地域活動を通じて積極的に啓蒙活動を行っています。

治す医療から支える医療へ

　在宅医療に対するイメージは、「がんの患者さんが終末期を迎え、

自宅で療養する」というものが多いように感じています。確かに近年、がん治療の分野で在宅医療が少しずつ浸透してきています。しかし、在宅医療を受けられるのは、がん患者さんだけではありません。実は疾病で多いのは脳血管疾患などで要介護になった人や、臓器不全、関節疾患などを持つ要介護の人、また高齢で身体が衰えた人たちです。

　日本ではこれまで体調が悪くなったり、ケガをしたりしたときなどは病院や診療所に行くことが当たり前でした。しかし、超高齢社会を迎え、病院に行くこと自体が困難な高齢者が増えています。足腰が衰えたり、ひざに痛みがあったりすると、高齢者は外出をなるべく避けるようになります。また、社会的な要請（免許返納）もあり、高齢者は自分で車を運転しなくなります。地方では公共交通機関の少ない地域も多くあり、通院が必要な場合、配偶者や子供など家族に頼るほかありません。しかし、「家族に迷惑をかけたくない」という心理が働き、なるべく受診を控えようとします。つまり、身体的にも心理的にも病院に行くことが負担になるのです。

　また、高齢者は加齢による臓器の衰えが進み、生活習慣病などの慢性疾患を複数抱える人が多くなっています。そういう人が病院で短期間の治療を受けて完全に回復するケースはまれであり、継続的に治療を受けながらそれ以上状態が悪化しないように維持する治療が中心になります。つまり、高齢者は病院で治療できることが少なくなり、「毎日の療養生活をどのように支えていくか」に医療の重点が移るのです。

　在宅医療は、こうした高齢者の状況に合った最適な医療の形と言えます。在宅医療とは何かを改めて定義するならば、「加齢や病気などにより通院が困難になった患者さんの自宅を医師や看護師が訪

問し、診察や治療、生活指導などの医療行為を行うこと」となります。

　在宅医療は、入院、外来に次ぐ、「第三の医療」と位置づけられており、病院が「治す医療」であるのに対し、在宅医療は「支える医療」だと言えます。もちろん、どちらが優れているということではありません。ただ、高齢者や心臓疾患、脳卒中、がんなどの大病を経験した人とその家族が在宅医療という選択肢を知っているか否かで、その後の QOL は大きく変わってきます。

在宅医療の 10 のメリット

　実際、在宅医療を始めた患者さんや家族から、「もっと早く在宅医療を始めていればよかった」という声をよく聞きます。在宅医療では、通院にかかっていた負担が軽くなるほか、入退院を繰り返すこともなく、生活がとても落ち着くからです。「何かあれば医師が24時間365日いつでも駆けつけてくれる」という安心感もあります。ここでは在宅医療の具体的なメリットを 10 のテーマに分けて見ていきたいと思います（**図表 1-3**）。

❶住み慣れた環境で安心して療養ができる

　高齢者に限らず住み慣れた自宅でリラックスして過ごせることは、想像以上に重要です。特に高齢になればなるほど、入院などで療養環境が変わることは強いストレスになります。実際、病院から在宅へ切り替えると、高齢者の表情が穏やかになり、笑顔や会話が増えることがよくあります。

図表 1-3　在宅医療の 10 のメリット

❶ 住み慣れた環境で安心して療養ができる
❷ 通院が難しくても医師や看護師が自宅を訪問する
❸ 外来診療・療養病棟と変わらない医療を受けられる
❹ 特別な管理が必要な人でも対応できる
❺ 薬をまとめて管理して多過ぎる薬を整理できる
❻ 看護・介護の多職種連携で生活全体をサポートする
❼ 少しの体調変化でも 24 時間 365 日対応できる
❽ 本人・家族にとって負担の大きい入院を減らせる
❾ 必要に応じて地域の病院で検査や入院ができる
❿ 希望に応じて在宅でのターミナルケア・看取りができる

　また、病院ではほとんど食事をとれなくなっていた人が、自宅で
は食欲が戻ることがあります。あるいは、病院では排泄はおむつだっ
たのに、自宅ではトイレの練習を始める例もあります。衰えた機能
や意欲に変化が表れることは、決して珍しくはありません。
　もちろん、在宅医療によって必ず状態が改善するわけではありま
せんが、「自宅にいるという安心感」は好影響をもたらします。

❷通院が難しくても医師や看護師が自宅を訪問する

　在宅医療では医師や看護師が自宅を訪問し、医療サービスを提供
します。体力が衰え足腰が弱っていたり、身体に麻痺が残っていた
りする患者さんを車いすに乗せて通院するのは、労力的にも時間的
にも大変な作業です。在宅医療では通院が必要ないため、そうした
負担が軽減します。一部の通院治療を続ける場合でも、回数は減り
ますから、本人も付き添いの家族も負担が軽くなります。

❸外来診療・療養病棟と変わらない医療を受けられる

　在宅医療で受けられる治療は広範にわたります。血圧や血糖値など生活習慣病関連の管理、感染症や胃腸の症状などいわゆる内科の診療だけでなく、認知症などの精神疾患、湿疹や褥瘡などの皮膚疾患、がんの緩和ケアなどに対応します。

　技術の進展でエコー（超音波検査）、レントゲン、心電図などの検査機器が小型化し、持ち運べるようになったため、自宅にいながら必要な検査が行えます。薬の処方や点滴も十分対応可能です（治療方針の変更によって、病院とは処方内容などが変わることはあります）。さらに、療養病棟で行っているような医療処置・医学管理も在宅で行えます。

❹特別な管理が必要な人でも対応できる

　胃ろうをはじめとした経管栄養、酸素療法、人工呼吸器を装着しているなど、特別な医学管理が必要な人は、自宅での療養が難しいと思われがちです。

　しかし、こうした特別な管理が必要な人でも多くの場合、在宅医療を選ぶことができます。がんの患者さんでは、通院治療と並行して緩和ケアを行うことも可能ですし、通院が困難になったときは自宅で治療や緩和ケアを受けることもできます。

❺薬をまとめて管理して多過ぎる薬を整理できる

　高齢者は複数の診療科や医療機関にかかっていることが多く、それぞれで薬を処方されています。合計すると20種類もの薬を飲んでいる人もいます。しかし、薬が多くなると飲み切れないことも増

えますし、残った薬が大量にあるという高齢者も珍しくありません。また、複数の通院先で似たような作用の薬が出されているなど、過剰な投薬、不要な投薬が行われているケースもよく見受けられます。

　外来の短時間の診療では、患者さんの細かい服薬管理が難しいという現状があります。その点、在宅医療では、医師や薬剤師らが患者さんの生活の場に入って診療を行うので、残薬や多剤併用などをチェックできます。その結果、不要な薬を減らすことにつながるケースが多くあります。

❻看護・介護の多職種連携で生活全体をサポートする

　在宅医療は基本的にチーム医療です。主治医が一人ですべての診療を行うとは限らず、必要に応じてチーム内の別の専門医が治療に加わることもあります。診療体制にもよりますが、精神科、皮膚科、眼科、整形外科などの専門医が訪問するケースもあります。歯周病の治療が必要な場合は、歯科医師を派遣することも可能です。

　また、訪問薬剤師がいる薬局では、医師が処方した薬を調剤薬局が調剤し、薬剤師が自宅を訪問して服薬指導を行います。飲み忘れの防止や残薬の確認、患者の飲み込みの状態を見て医師に相談し、薬の種類や量、形状を変更することもあります。

　在宅医療では介護スタッフもかかわります。介護保険サービス全般に詳しいケアマネジャーが、介護サービス計画書（ケアプラン）を作成します。介護スタッフは患者の自宅を訪問し、日常生活のさまざまな支援を行います。支援には2種類あり、食事介助や清拭、着替え、排泄ケアなど患者の身体に直接触れる身体介護と、料理や洗濯、清掃、買い物などの生活支援です。

　さらに、脳卒中などの後遺症で麻痺が残る人の機能回復や体力低

下、拘縮の予防のために理学療法士や作業療法士が自宅を訪問してリハビリ指導を行います。こうした多職種の専門家は互いに緊密に連携しながら、日常的に情報共有し、患者さんの在宅療養をチームとしてサポートしていきます。

このように在宅医療は、自宅にいながら、そこへさまざまな疾患・症状に対応する「総合病院」が来てくれるというイメージです。

❼少しの体調変化でも24時間365日対応できる

在宅医療の基本システムは、「患者さんの状態に合わせた定期訪問」「24時間対応」「患者さんの求めに応じた臨時往診」の3つから成り立っています。

定期訪問は、医師が計画的に決まった日時に患者さんの自宅を訪れて診察をします。外来における月1回などの定期診察と同じです。「24時間対応」と「臨時往診」は、在宅医療ならではのシステムです。在宅では、病院のように医師や看護師が常時そばにいるわけではないため、不安に感じる人が少なくありません。しかし、在宅医療は「24時間対応」が1つの条件になっているため、患者さんや家族は夜間でも休日でも診療所に連絡できます。そして、患者さんや家族から要請があれば、医師は臨時に駆けつけます。

高齢者が自宅療養をしていると、「発熱した」「咳がひどくなった」「食欲が落ちた」といった気がかりな変化が現れます。高齢者の多くは少しのことでは病院に行くのをためらい、ぎりぎりまで様子を見て、がまんしがちです。その結果、状態が悪化してから慌てて受診することになり、治療や回復に時間がかかることになります。

在宅医療では、医師をはじめ訪問看護師、介護職員など多職種の専門スタッフが頻繁に自宅を訪問するようになるので、心配事があ

れば家族は気軽に相談でき、多職種が知った情報は医師に伝わる仕組みになっています。必要に応じて医師が往診するなどして、小さな変化でも早期に対処できるため、体力が落ちた高齢者も体調を維持しやすくなります。

❽本人・家族にとって負担の大きい入院を減らせる

高齢者にとって、入院による環境変化はそれ自体が大きなストレスになります。入退院を繰り返すうちに、心身の状態が落ちてしまう人も多いですし、家族も入退院の手続きや付き添いなどは負担が大きいものです。在宅医療では、在宅で経過を見ながら細やかに体調管理ができるため、無用な入院を減らすことにつながります。

❾必要に応じて地域の病院で検査や入院ができる

在宅医療を行うクリニックは、地域の病院と連携して診療する体制をとっています。万一、在宅では対応できない治療や検査、入院が必要になったときは、在宅医が病院に連絡し、受け入れの要請を行います。たとえば、高齢者が自宅で転倒して骨折を疑ったり、胸が痛くて心筋梗塞を疑うなどした場合は、在宅医が緊急入院の手配をします。

そして、治療を終えたあとは、再び在宅療養へ戻ることができます。入退院の際も、在宅医と病院の医師が緊密に連携し、患者さんの情報を共有しながら治療や療養の方針を決めていくので、在宅から病院へ、病院から在宅への移行をスムーズに行うことができます。

❿希望に応じて在宅でのターミナルケア・看取りができる

在宅医療を始めたら必ず自宅で看取りまで行わなければならない

わけではありません。ただ、高齢者や終末期を迎えた人が「最期まで自宅で過ごしたい」「余計な治療をせずに穏やかに逝きたい」と願えば、その希望を叶えることができるのが在宅医療です。

　最近では、家族を自宅で看取った経験のある人は非常に少なくなっているため、家族が不安を覚えるのは当然です。しかし、在宅での看取りは、旅立つ人から次の世代へと「命をつなぐ」尊い機会でもあります。そこで、本人が苦痛なく穏やかに最期を迎えられるように配慮するのはもちろんのこと、見送る側の家族の葛藤や不安に寄り添い、支えていくのが、私たち在宅医や訪問看護師の重要な役割だと認識しています。

在宅医療は「人生の最期」だけではない

　このように多くのメリットがある在宅医療ですが、一般の人たちだけでなく、医療・介護従事者の間でも「誤解」が多いと感じています。この誤解を解くことが、在宅医療を普及・浸透させていくためには不可欠だと考えています。在宅医療の存在を知るのはもちろんのこと、「正しく」理解してもらうことが重要です。

　一般の人は在宅医療に対して、「人生の最期だけかかわる医療」といったイメージを抱いています。それはテレビのドキュメンタリー番組などメディアの影響も大きいと思います。ドラマチックなシーンが多く、その最たるものががん末期患者さんの闘病生活と看取りです。また、神経難病など特殊な例を取り上げるケースもあり、「自分の病気はそんなに重くない」「まだ終末期ではない」という理由から、在宅医療を選択肢から外してしまう人もいます。

私が在宅医療に携わっていて強く思うのは、そうした重い病気も確かにありますが、もっと一般の人が、高齢になって体力が落ちてきたと感じたとき、がんの治療や心筋梗塞、脳卒中を経験したときなどに、早い段階で在宅医療をスタートしてほしいということです。そうすることで高い QOL を保ちつつ、住み慣れた自宅でその人らしい生活を長く維持していくことができます。

　しかし、実際の在宅医療の現場で多いのは、要介護認定を受けて、訪問看護やケアマネジャーも入っているけれど、治療は病院の外来通院をするなかで、状態が悪化して、最後の最後に私たちのところに紹介されて来るというケースです。繰り返しになりますが、在宅医療は「人生の最期だけかかわる医療」では決してありません。高い QOL を維持しながら少しでも長く生きるために、予防医学的な要素も含めて、在宅医療を提供することが重要だと私たちは考えています。

在宅医療に関する６つの誤解

　在宅医療に関する「誤解」には、ほかにも次のようなものがあります。ここでは６つに分けて紹介します（**図表 1-4**）。

❶家族が高齢または日中不在だと対応できない？

　最も多いと考えられる誤解は、「家族が高齢、または日中不在だから在宅医療は無理」というものです。在宅で介護を担える家族が誰もいないと在宅医療は受けられないと考える方がいます。かつては長男の嫁が義両親の面倒を見るというケースが一般的でしたが、

図表 1-4　在宅医療に関する 6 つの誤解

❶ 家族が高齢または日中不在だと対応できない？
❷ 高齢者の独居生活では無理？
❸ 病状が重いと受けられない？
❹ かかりつけ医との関係が絶たれる？
❺ 十分な治療を受けられない？
❻ 自宅で看取りまでしなければならない？

　いまは二世帯同居などが少なく、高齢のご夫婦 2 人暮らしという世帯が増えています。そのため、夫婦のどちらかが病気になって在宅療養をしたいと思っても、配偶者も高齢で体力的に自信がないと考えてしまうのでしょう。

　また、息子や娘夫婦の世帯と同居している高齢者でも、子供は 40 〜 50 代の働き盛りで日中は外出しており、家で介護をするなど到底不可能だと思ってしまうことも少なくないようです。

　しかし、同居の家族が高齢でも、日中不在であっても、在宅医療は可能です。実は最近、そういう家族のほうが在宅医療の利用者の中心になってきていると言ってもいいほどです。訪問看護師やホームヘルパーなど在宅医療専門のスタッフの支援を受けることで、ほとんどの場合、自宅で療養生活を送ることはできます。

❷高齢者の独居生活では無理？

　超高齢社会になり、配偶者との死別、離婚や生涯独身など高齢者の単独世帯が増えています。総務省統計局「令和 2 年国勢調査 調査の結果」（2021 年 11 月 30 日）によると、65 歳以上の高齢者のいる世帯のうち単独世帯が占める割合は約 29.6％です。

しかし、同居家族のいない単身の高齢者でも、本人が希望すれば在宅療養は可能です。要介護度に応じて専門スタッフのケアを受けながら、自宅で一人暮らしをしている高齢者は数多くいます。

❸病状が重いと受けられない？

病状が重くなるほど、病院での専門的な管理が必要になるので、自宅で療養するなど不可能だと患者さん本人も家族も考えがちです。しかし、医療技術の進歩もあり、胃ろうなどの経管栄養を行っている人や人工呼吸器を装着した人も自宅で療養できます。酸素療法、人工透析、がんの緩和ケアなども自宅で可能です。

ただ、この点に関しては、本人と家族の意識を少し変えてもらうことも大切です。というのも、病院と同じ治療を自宅で行う必要性が必ずしもあるとはいえないからです。在宅療養では、介護する人の負担を軽減する「在宅ならではの方法」がたくさんあります。

❹かかりつけ医との関係が絶たれる？

在宅医療では、これまで通院していた病院・診療所との関係を絶たなければいけないと思っている人も少なくありません。実はケアマネジャーなど介護専門職のなかにもそうした誤解はあります。そのため、「長く診てもらってきた先生に申し訳ない」「かかりつけ医を変えるのは不安」という理由から在宅医療を躊躇してしまうのです。

しかし、通院を続けて診てもらいたい医師がいれば、通院治療と在宅医療を並行して行うことに何の問題もありません。また、信頼している主治医への通院が困難になってきた場合には、その主治医に往診してもらえるかを確認したり、これまでの治療を引き継いで

くれる在宅医を紹介してほしいと相談するのも1つの手です。

❺十分な治療を受けられない？

　確かに在宅医療で行える医療は、病院とまったく同じというわけにはいきません。しかし、手術や放射線治療など一部の高度な医療を除けば、在宅医療は病院とほとんど遜色はないといえます。

　また、病院でなければ行えない治療が必要なときは、連携先の病院に受け入れを要請するシステムも整備されているので、十分な治療が受けられないという心配は無用です。

　2016年4月に公表された筑波大学と神戸大学の研究チームが末期のがん患者さん約2,000人を対象に行った研究では、自宅で最期を迎えたがん患者さんと病院で最期を迎えたがん患者さんを比較したところ、「生存期間はほとんど違いがないか、自宅のほうがやや長い傾向がある」という結果が示されています。

❻自宅で看取りまでしなければならない？

　在宅医療を始める際に、看取りの場所を決めておく必要はありません。自宅での看取りはできますが、「最期は病院で」という本人や家族の希望があれば、そのように対応します。看取りの方針が決まっていないときは、まずは在宅医療を始めて、その後の経過をもとに相談して決めればよいのです。

在宅医療が困難なケースもある

　一方、在宅医療を選択しない理由のすべてが誤解に基づくものと

いうわけでありません。在宅医療が困難なケースがあるのも事実です。本人が病院での治療を希望していたり、同居する家族が自宅での看病・介護に強い不安がある場合は、在宅での療養は継続が難しいことがあります。さらに、体調に変化があったときに救急車を呼び、入院したまま在宅へ戻れなくなる例もあります。

　しかし、これらのケースはまれで、基本的にはどのような状態の患者さんでも、また家族がどのような状況でも在宅医療を選択することはできます。

PART 2

在宅専門医に
必要な資質、
目指すべき
医療のかたち

"施設と組む"スタイルの確立

　私が在宅医療を専門に提供する「静岡ホームクリニック」を静岡市に開設したのは2015年4月で、私が32歳のときです。その後、2016年に医療法人化しました。

　私はリウマチ・膠原病が専門で、開業前は聖マリアンナ医科大学病院（神奈川県川崎市）で働いていました。栃木県出身の私が縁もゆかりもない静岡市で開業したのは、まったくの偶然だと言えます。

　早くから独立を考えていた私は、開業するなら地元の栃木になるだろうと、漠然と考えていました。しかし、具体的に検討を始めると、人口が減少傾向にある地元での開業は難しいことがわかりました。開業して当面は経営ができても、20～30年先は厳しくなることが明らかだったからです。地元に戻って開業すると思っていた親とは、かなり意見がぶつかりました。

　では、どこで開業するのか。特にあてはありませんでしたが、大学のリウマチ内科の先輩を介して医師や医療関係者以外の方など、いろいろな方と知り合うようになり、そうしたなか、在宅医がいなくて困っているという介護施設の運営会社を紹介されました。その会社が開業時のパートナーになる株式会社日本ケアクオリティさんです。同社は静岡県内を中心にグループホーム、介護付有料老人ホーム、デイサービスなどを幅広く展開していました。

　さっそく経営者の石井信社長とお会いし、お話をうかがいました。石井社長の介護に対する熱意は非常に強く、その思いがとても伝わってきました。正直、静岡は開業場所として考えたこともなかったのですが、石井社長のお話を聞き、私の専門が役に立てる地域で

あることを認識しました。私が在宅医療を提供することで、施設の介護サービスの質が上がるのであれば、一緒に協力してブランド価値を高めていきましょうということで意気投合しました。

　当時は、高齢者施設の患者さんに提供する在宅医療の診療報酬が引き下げられた頃で、在宅医が施設から手を引くなか、多くの施設が困っていたという時代背景がありました。

　一方、私としては静岡というまったく縁のない土地でも、最初からある程度の患者さんを確保できるという大きなメリットがありました。実際、最初の2年間は施設中心に在宅医療を提供し、徐々に地域に浸透していくうちに居宅の患者さんが増えていきました。現在、当院では施設と居宅の患者割合は約6対4になっており、合計約700人の患者さんを診ています。

　これは結果論になりますが、"施設と組む"というスタイルが当院の強みになっています。看取りを含めた手厚い医療サービスが評価され、当院がかかわった施設の入居率は軒並みアップし、多くの施設からお声がけをいただくようになりました。2019年に首都圏（東京・千葉）に進出したのも、その延長線上にあります。

　開業にはいろいろなスタイルがあります。一般の開業医は自分の地元で開業するのもいいと思いますが、その地域は自分のやりたい医療が飽和しているかもしれません。私は在宅医療だったからかもしれませんが、信頼できるパートナーと組んで互いに高め合っていける関係性を築けたのは、非常に幸運だったと思っています。

開業１年目に起きたさまざまなトラブル

　実際に開業したのは、石井社長とお会いして半年も経たないうちです。クリニックの建物は同社の施設の近くに借りました。初期投資は少なく、テナント料は敷金・礼金・内装を含めて 500 万円以内に収まりました。レントゲンやエコーなどの医療機器や車はリースにしたため、月々の固定費は 30 万円程度、物品は購入しなければいけませんが、それでも 100 万円ほどです。預貯金をそれなりに蓄えていたこともあり、開業時の金融機関から借り入れは約 1,000 万円で済みました。初期投資が少ないのは在宅専門クリニックならではという面もあると思います。

　その半面、在宅医療は一般のクリニックよりもスタッフ数が多いため、総人件費が高くなります。そのため、オープニングスタッフは事務員 3 人と私の 4 人でスタートし、看護師を採用したのは患者数がある程度増えてからです。医者は私だけですから、最初はがむしゃらに働きました。施設で提供する医療の質を少しでも高めようと必死で、スタッフもみんながんばってくれました。

　しかし、開業して 1 年くらい経つと状況が変化してきました。スタッフが 1 人、2 人と辞めていくようになったのです。振り返ると、すべての責任は私にあったと反省しています。当時は認識が甘く、スタッフに私と同じレベルの仕事、高い生産性を求めていたのです。

　開業当初は患者数も少なく時間的に余裕がありましたが、患者数が 150 〜 200 人くらいに増えた頃は仕事量が増え、毎日 22 時頃まで残業するのが当たり前の状態でした。自分なら 1 時間で終わる仕事に 5 時間もかけているスタッフがいると、効率の悪さが気になり

ます。そこで、業務の効率化などを提案するのですが、その意味が
なかなか伝わりません。一般的な事務スタッフにとっては過度な要
求だったからです。看護師も「車の運転が大変」「クリニックだか
ら17時には業務が終わると思っていた」など、いろいろな誤解や
行き違いがあり、辞めるケースが続きました。

　退職していった人たちは、仕事が嫌いなわけではなく、業務がハー
ドになりすぎていたことが原因だったのでしょう。特に事務スタッ
フは主婦のパートさんが多いので、家庭との兼ね合いもあります。
私はそうしたスタッフ個々の事情まで理解できていませんでした。

　こうした反省点を踏まえ、その後は採用時の面談で業務内容を十
分に説明するようにし、入職後は人材育成やマネジメントに力を入
れるようになりました。

　開業当初には事件も起きました。施設を紹介してくれた人物がク
リニックの立ち上げにもかかわってくれて、事務を任せていたので
すが、お金を横領していたのです。事件が発覚したのは開業から半
年後くらいです。あとから入った事務スタッフが気づいて、私に報
告してくれました。患者数が少しずつ増え、本来ならば黒字になっ
ているはずの損益が赤字のままだったのです。

　私は診療に没頭していたので、そこまで頭が回っていませんでし
た。幸い被害額は致命的なダメージを与えるほどではなく、立て直
せるレベルでした。そこで自分がこれまで以上にがんばると宣言し、
スタッフに協力をお願いしました。ありがたいことに全員が残って
くれました。

医師会に入会できず、紹介患者がゼロ

　スタッフの離職や横領事件など、想定していなかったことが次々に起こりましたが、もう1つ苦労したのは、居宅の患者さんの獲得です。1年目はまったくのゼロでした。

　居宅の患者さんは病院やケアマネジャーなどから紹介してもらうのが基本です。そのため、私は早い段階から電話でアポをとり、診療の合間をぬって総合病院や中小病院、地域の開業医、居宅介護支援事業所などにあいさつ回りをしていました。

　門前払いをされることはありませんでしたが、忙しいので1週間後に来てくださいということはありました。100か所ほど回りましたが、患者さんは1人も紹介してもらえませんでした。

　理由は地元の医師会に入れなかったことです。これは地域差があるので一概には言えませんが、少なくとも静岡は医師会の力が強い地域で、医師会に入会していないと基本的に紹介してもらえません。通常、医師会は2人の会員からの紹介がないと入会できないのですが、私には紹介者がいなかったのです。

　医師会側の気持ちも理解できます。静岡に縁もゆかりもない人間が突然、落下傘で降りてきて開業するわけですから、どんな医者なのか、どんな医療をするのかがわからず、当然ながら警戒します。実際、営利目的の企業がお金を出してハコ（診療所）をつくり、医師を置くようなこともあります。医者はコマの1つにすぎず、医師会が警戒するのもやむを得ない面があるのです。

　医師会に入会しない開業医は少なくありません。メリットとデメリットを天秤にかけて、メリットが少ないと思えば、入らないとい

う選択もあり得ます。また、自分たちのクリニックの力が強ければ、入る必要はないのかもしれません。しかし、私は基本的に医師会に入るメリットは大きいと思っています。標榜科にもよりますが、在宅医療の場合は入会したほうがいいでしょう。

　私は開業1年後に医師会に入会できました。幸いなことに、聖マリアンナ医科大学病院のリウマチ内科で私の上司をしていた先生の同級生が医師会にいて、紹介していただきました。紹介がなかったら、どうなっていたかわかりません。そこからは病院やケアマネジャーからの紹介が少しずつ増えていきました。

質の高い医療を続ければ、必ず周囲が認めてくれる

　1つはっきり言えることがあります。誠実に質の高い医療をきちんと提供していれば、必ず誰かが見てくれるということです。患者さん、その家族、医師、ケアマネジャーなどが一定の割合で認めてくれます。そして、ありがたいことに、そういう方々が陰になり日向になり応援してくれるのです。医師会に入会できたのも、その影響があったからこそだと思っています。

　私はいまも静岡であいさつ回りを続けています。病院に行けば地域医療連携室に顔を出します。それが普通のことだと思っています。医者として正しい医療行為をするのは当たり前のことですが、医療法人の経営者として在宅医療という事業を行い、人を雇用している以上、職員の人生も背負っています。法人の経営を持続可能にするためにも、日々の努力を欠かさないことは当然の責務です。

　患者さんの紹介を受けたり、何かを助けてもらったりすれば、私

が直接、御礼をします。それは、相手が病院の院長でもケアマネジャーでもヘルパーさんでも同じです。逆に職員がミスをしたり、トラブルを起こしたりすれば、私が謝ります。

　こうした姿勢は、私が若くして開業したことも関係しているかもしれません。大学の医局で偉くなり、40歳を過ぎてから開業していたら、横柄な態度が出ていた可能性があります。開業するにあたっては、一社会人で新参者ということを自覚し、人として当たり前の礼儀を徹底することを心がけました。常に教えを乞う姿勢を忘れず、また研修医になったくらいの気持ちになればいいのです。

コンセプトは「動く総合病院」

　医療法人社団貞栄会では、**図表2-1**のような理念を掲げています。私は、「患者様が誇りと尊厳のあふれる人生を全うし、ご家族が命を受け継ぐ一助となりたい」という思いで在宅医療に取り組んでいます。

　私たちの活動理念は、「患者さんに自宅で満ち足りた老いの生活を送っていただくために何ができるか」ということが大事な出発点になっています。そのため、スタッフには、「動く総合病院にしよう」「お看取りまでしっかりと」という2つの考え方を伝えて、実践してもらうように心がけています。

　「動く総合病院」とはどういうものなのか。在宅医療では幅広い疾患の患者さんを診ます。高齢者で内科だけしかかかっていないという方は少なく、より専門性の高い先生に診てもらったほうがいいケースも多くあります。そこで皮膚科や精神科などの総合病院のよ

図表 2-1　貞栄会の理念

貞栄会の理念

患者様が誇りと尊厳のあふれる人生を全うし、
ご家族が命を受け継ぐ一助となりたい

うに専門医を増やしてきました。実際に総合病院と同じ診療ができ
るわけではないですが、専門の違う医師が診ることで、互いに意見
を聞くことができますし、知見の共有も図れます。患者さんの診療
に必要なそれぞれの専門領域を持つ専門家が在籍し、患者さんの元
へ「うかがう」ことで、「動く総合病院」を実現すべく活動してい
ます。「動く総合病院」というコンセプトは、対外的にも当院のイメー
ジが伝わりやすいのではないかと思っています。

　もう1つ、私たちは「お看取りまでしっかりと」を掲げ、患者さ
んと向き合いたいと考えています。住み慣れた環境で最期まで過ご
したいという希望を持つ患者さんに、安心して過ごしていただける
体制とサービスを提供しています。24時間365日対応で、患者さ
んの体調の小さな変化にも素早く対応するように努力しています。

　また、各クリニックに設置した「地域連携室」が中心となって、
患者さん一人ひとりに複数名のチームを編成し、患者さんとご家族
が安心して在宅診療を受けていただけるようにサポートしています。

在宅医療のプロとして追求すべきこと

　ここで改めて、私が考える「在宅医療」のあるべき姿、私たちが目指す在宅医療について述べたいと思います。

　まず、「在宅医療のプロとして追求すべきこと」は何かについてです。医師は医学教育において入院医療を中心に学ぶため、在宅医療は施設中心にシステマチックに行い、緊急時には病院に搬送すればいいといったイメージを持っている医師も多いと思います。また、病気に対する医療行為の教育は受けますが、患者さんの「生活」という視点での教育は十分にはなされていません。

　たとえば、がんの末期であれば、緩和の薬を処方して痛みが抑えられればそれでいいという面がありますが、生活の視点で考えた場合はどうでしょうか。それで十分なのかと問われると、医師の多くは質問の意味すらわからないというのが現状だと思います。

　医学的には正しいことを行い、最期のときに往診だけすればいいという考え方に何の疑問も持たないことは、ある意味当然なのかもしれません。実際、そのような考え方で在宅医療を標榜している開業医も多いように見受けらます。在宅医療は"入院医療の劣化版"といった誤解があるようにも感じます。

　しかし、私たちはそうした診療は行っていません。それが地域で信頼されている理由だと自負しています。逆にそうした在宅医療を行っていると、確実に淘汰されてしまうと考えています。

　在宅医療のプロフェッショナルとして、私たちが追求すべきことは"自宅で長く過ごせる"ことをサポートし、実現させることです。そこに在宅医療の最大の目的があると考えています。

在宅医療はオーダーメイド医療である

　私は、「在宅医療はオーダーメイド医療である」と考えています。入院医療の最大の目的は病気を治療することですが、そこには患者さんの生活は一切入り込まず、ある意味で特殊な環境と言えます。

　しかし、患者さんそれぞれに地域での生活があり、ご家族の思いや信仰があります。病院というアウェイではなく、家庭という患者さんのホームにおいて本人が安心して生活できるようにサポートすることが、在宅医療の最も重要な役割であるはずです。

　在宅でしかできないことがあるからこそ訪問する価値があり、それは医療行為に限ったことではありません。医療の知識を活かして、患者さんの生活をサポートしたり、悩みを聞いてあげたりすることを含めた行為全体に価値があると考えています。

　逆にそれができなければ、"入院医療の劣化版"というレッテルをはがすことはできないでしょう。患者さんやご家族に寄り添い、一緒に悩むということが大切なのであり、それが在宅医療の原点であると考えています。

　こうした観点で在宅医療を考えるのであれば、患者さん本人の希望を実現させるために医療と掛け合わせるという行為を、患者さんやご家族と一緒に積み重ねていくというカスタマイズが必要です。そういう意味で在宅医療は"入院医療の劣化版"などではなく、"オーダーメイド医療"であることをしっかりと認識すべきであると思います。

　医療では重篤な病気になれば入院と考えがちですが、患者さん本人が入院したくない、あるいは治療したくなければ、自宅で過ごす

という発想もあって当たり前だと思います。本人の選択を尊重し、その"人生に寄り添えるかどうか"が在宅医療の本質だと考えています。

　本人の希望に寄り添った医療が継続できると、結果的に無駄な入院が避けられたり、入院しても短期間で済んだりします。そして、最期は家で迎えたいという本人の希望を叶えることができるでしょう。

　教科書どおりの治療行為だけでは、"入院医療の劣化版"との指摘を否定しきれませんが、患者さんやご家族と一緒にその人の人生を支える医療を提供することは、在宅医療でしか経験できない大きなやりがいとなるはずです。

　医療法人社団貞栄会は、患者さんの生活を支える在宅医療に取り組みたいという医療者が集まる場所でありたいと願っています。

「在宅入院」という独自の考え方

　私たちの在宅医療は、"在宅入院"という独自の考え方を持っています。従来の在宅医療では、安静時だけ在宅で診て、何かあれば入院する、その繰り返しが一般的だったと思います。

　たとえば、誤嚥性肺炎の場合、在宅で悪くなると病院に入院し、数値が改善すれば家に戻り、再び在宅医療を受けることが多くなります。これを2回、3回と繰り返しながら、次第に終末期へと向かって行くのです。

　このとき、病院が診ているのは主に肺炎だけで、画像や炎症反応による数値を見ながら、抗生物質で数値が改善すれば肺炎は治ったから退院となりますが、患者さんの全身状態が治ったわけではなく、

全身状態は確実に下降線を描いていくのが一般的です。

　こうした病院の対応は、それ自体が間違っているわけではありません。しかし、私たちの視点からすれば、確かに肺炎は一時的に治ったかもしれませんが、全身状態では２割程度、確実に元気がなくなって戻ってくることになってしまいます。

　CRP（Ｃ反応性蛋白）が10以上になれば入院しなければならないという概念自体が、もはや患者さん本人の意思が無視された行為となり、「入院による医療行為が最大の正義」という考え方がもたらす弊害だと言えなくもありません。

　それに対して、私たちが考える在宅医療は、医療は３割、残りの７割は"生活をみる"というものです。入院では、"生活をみる"という大切な７割がすっぽりと抜け落ちることになります。終末期で誤嚥性肺炎を発症するような場合でも、私は入院する必要はないと考えています。医師によっては、在宅でもしものことがあったらどうするのかばかりを気にして入院を選択させることがあります。

　しかしながら、肺炎が治ったとしても入院したことで認知症が進行したり、筋力が衰えたりして、自宅に戻ったときには患者さん自身の生活が失われてしまったということがあります。さらに、二度とわが家へは戻って来られないことさえあるのです。

　そうなれば、結果的に入院したことが裏目に出かねませんが、そうした結果に目をつぶっている医師も少なくないのが実情でしょう。在宅医療が患者さんの生活を支える"オーダーメイド医療"であることを理解していれば、入院が最善という判断にはならず、患者さんの生活が置き去りにされることもありません。

普通の生活に戻すところまでが治療

　患者さん自身がどうしたいのかを重視し、その人の生活を第一に考えるならば、"在宅入院"という考え方は、決して不自然ではないはずです。そうした理解のうえで、在宅医療がどのようなものかをしっかりと患者さんやご家族に説明すると、多くの人は在宅医療を選択します。

　病院では誤嚥性肺炎でCRPが「0」になれば基本的に退院となります。もちろん、在宅でも医療行為としてはほぼ同じような判断にはなりますが、普通の生活を送れるような状態になるまでには医療行為終了から必ずタイムラグがあります。風邪を引いたら若い人でも2〜3日のタイムラグがあるのは当然で、ましてや高齢者の方はもっと時間を要します。炎症反応が「0」であっても、患者さんを普通の生活に戻すところまでを治療の一環として考えて行動しないと、肺炎は治したが"生活を治した"ことにはならないのです。

　病院では入院患者さんの状態を毎日確認します。在宅医療においても同じように抗生物質を打ったから、もう訪問しなくてもよいという判断にはならないはずです。必要なら毎日でも様子を見に行くのが当然だと考えています。そのため、私たちは、他の在宅クリニックでは対応できない重症の患者さんを受け入れることも多いのです。

　私たちが"在宅入院"という独自の考え方を持ち、あえてそうした表現をしているのは、私たちが果たすべき役割がそこにあるという意味も込められています。

病院や施設の当たり前を在宅に持ち込んではいけない

　私は「在宅看取り」こそが、在宅医療の真価が問われる最も重要な核になるものだと確信しています。

　病院では、終末期になると医師が毎日診るのは稀で、ご家族が希望しない限り担当医と話す機会も少なくなるでしょう。そして、呼吸が浅くなると、看護師が「先生を呼んできますね」と言って、最後に医師が死亡確認をします。よく、医療現場では「自分の親のように対処しなさい」と言われますが、実行が伴っているかどうかは疑問が残ります。

　老人ホームなどの施設では、ご家族は半年に1回くらいしか面会できないことがあり、半年前の元気な姿と、目の前のやせ細った姿を重ねて、「こんなになるはずがない」と施設関係者に疑念を抱くことがあります。

　在宅医療では、経験がない、あるいは在宅医療の本質が理解できていないと、「麻薬が効いているので痛くないはずです」「十分な量を出していますから、また来週に来ます」といった機械的な対応や訪問になりがちです。これは決して珍しいことではなく、医学的にも間違った行為ではありません。

　しかし、そうした「当たり前」を在宅医療に持ち込んではなりません。私たちが考える終末期医療では、患者さんやご家族の不安に寄り添うことを第一に考えます。私はそのことを全スタッフに認識してもらうように常に心がけています。

終末期の不安をいかに和らげるか

　最近では、ご家族の死を経験する機会が少なくなっています。祖父母ならともかく、親の死に直面した場合、冷静でいられないのは当然でしょう。

　傍で見ているご家族にとって、薬が効かなくなった、気持ちが悪くなったときにどうすればいいのか。あるいは、この先どうなるのかが不安で毎日朝を迎えるのが怖いといった感情にどう対応すればいいのか。心配なあまり次の訪問を待てず、病院に連れて行くかもしれません。

　本来、こうしたご家族の心理に対してサポートすることも終末期のあり方だと理解できていれば、医療者としてなすべきことは自ずとわかるはずです。定期訪問だけで済ますようなことにはならないでしょう。要は、医師としてというよりも、人間としての想像力が問われます。終末期の場合、医療行為をしなくても、毎日話を聞いてあげる、医師が傍にいるだけで、痛みが和らいだような気がするものです。ご家族も、医療者と話しただけで安心につながります。

　終末期における日々の過程を共有することで、ご家族もやがて迎える最期を受け入れられるようになります。医療行為の有無だけではなく、患者さんは何が不安でどうしたいのか、それをご家族にどう伝えているのかを現場で確認し、亡くなるまでを一緒にサポートしていくことこそが、私たちが考える終末期です。

　在宅で迎える終末期のよいところは、最期までの間にご家族を巻き込めるところにあります。これは在宅医療と終末期における基本であり、とても大切な考え方です。最後の１か月ともなれば毎日訪

問し、場合によっては1日2回、1か月の訪問回数が40〜50回になることも珍しくありません。毎日訪問することは大変ではありますが、ご家族との間に最期まで一緒に戦った同志のような感情が生まれ、医療者にとって確かなやりがいとなるはずです。

数値には表れない行為が信頼感を生む

在宅医療では、患者さんが亡くなるときだけ訪問すれば、看取りの実績は1件としてカウントできます。しかし、患者さんやご家族の安心につながる日々の行為は、数値となって表れるものではありません。

また、患者さんやご家族の安心につながる行為は医学教育で学べるものではなく、ガイドラインにも書いてありません。ガイドラインどおりに、肺炎なら抗生物質を出して終わりではありません。

終末期のサポートにおいては、あえて点滴にして訪問回数を増やす、薬が確実に服用されているかを自分の目で確かめるという判断も必要です。わざわざ足を運ぶという数字に表れない行為こそ、患者さんやご家族からの信頼感を高めます。その結果として、高い看取り率を達成できるようになり、病院からの紹介が増えていきます。数字はあとからついてくるのです。

また、当院では、看取った患者さんのご家族の大半が、亡くなったあとにわざわざ挨拶に来てくれます。これも信頼の証であり、私たちの大きなやりがいにつながっています。

笑顔が溢れる看取りを目指したい

　私たち貞栄会の理念は、「患者様が誇りと尊厳のあふれる人生を全うし、ご家族が命を受け継ぐ一助となりたい」です。患者さんの死を単純な死として捉えるのではなく、残された家族がしっかりと命を受け継げるようにサポートしたいという願いが込められています。患者さんやご家族は最期のときを一緒に経験することによって、例えば「お父さん、こんな人だったな」と家族のいい思い出となり、命がしっかりと受け継がれていくような終末期のサポートになります。

　私は、患者さんをお看取りする際は、それを見守るご家族に笑顔がある雰囲気にしたいと考えています。亡くなる際に笑顔という表現はよくないという指摘もあるかもしれません。実際に、ご家族が死に立ち会ってむせび泣き、シリアスな場面になることはあります。

　一方、「お母さん、いい顔をしているね」「がんばったね」などと前向きな言葉が多く出てくるご家族もいます。体をきれいにするときも和やかな雰囲気になります。それは、そのご家族に「やり切った感」があるからだと思います。私たちはそういうお看取りを目指し、そのためのサポートをすることが重要な役割であると、強く思っています。

PART 3

組織の成長を支える
マネジメントと
人材育成

1日の訪問スケジュール

　私たちの1日は、朝のミーティングから始まります。医師、看護師、事務職員、地域連携室が毎日必ず顔を合わせて情報を共有します。事前に看護師や事務職員がその日の訪問先への連絡、ルートの確認、カルテ・薬品・機器などを準備し、医師と看護師で最終確認をします。私たちが目指す在宅医療を実現するには、医師、看護師、事務職員、地域連携室の協力が不可欠です。すべてのスタッフが協力しなければ円滑なオペレーションはできません。

　在宅医療のチームは9〜9時半に出発し、通常16時頃には帰って来ます。そして、17時15分から終礼を行い、夜間のスタッフに申し送りをします。基本的に17時45分に終業となります。そこからは夜間のスタッフにバトンタッチします。これが365日続きます。

　静岡ホームクリニックでは1日平均で6〜7ラインが稼働しています。多い日は8ラインということもあります。1ラインで1日10〜15か所を訪問しますので、1日の訪問数は110件ほどになります。施設の場合は同時に複数人の患者さんを診ることもあり、診察する患者さんの数は違ってきます。静岡は交通事情がいいので効率よく数多く回れます。

看護師を要とする訪問スタイル

　私たちの訪問診療では、医師と看護師がペアを組みます。車の運転は看護師が担当します。ただ、クリニックによっては医師と事務

職員の２人組みや、専属の運転手がついて３人体制のところもあります。

　私の経験上、看護師とペアを組むのが最も仕事がやりやすいと実感しています。これはアルバイト時代の経験に基づくもので、優秀な看護師が一緒だと診療がスムーズに進み、とても勉強になったので、開業してからも同じスタイルを踏襲しています。

　クリニックの規模が大きくなると常勤のほか非常勤の医師も増えますから、看護師がしっかりしていると非常勤のドクターも働きやすいと思います。非常勤で在宅の経験が浅い医師には、看護師が説明や助言を行います。たとえば、「この患者さんは最期まで家にいたいと希望されているので、それを踏まえた治療をお願いします」などです。法人の在宅医療の質を担保するという意味でも、看護師の存在はとても重要です。

　看護師を要とする訪問スタイルとしたのは、医師が医師にしかできない仕事に専念できる環境を整えたいという狙いもあります。優秀な看護師がいると、医師は診療に集中できます。そのため、看護師の育成には力を入れています。一般的な在宅クリニックに比べて看護師の人員を手厚くして、すべて常勤で雇用しています。その分、人件費は増えますが、非常勤の医師が多いので、医師の質、診療の質を維持・向上させることに貢献しています。

　看護師にはかなり高いレベルを求めています。たとえば、オンコールを受けた際には、必ず訪問するように指導しています。オンコールを受けたのに電話だけで済ませて訪問しなかった看護師には、「なぜ訪問しなかったのか」を注意します。その看護師が大丈夫だと判断したとしても、私たちが目指す在宅医療はそういうものではありません。法人が掲げる理念に基づいて行動することが求められます。

また、一般的な訪問看護ステーションの看護師でよくあるのが、訪問先の患者さんが熱を出していた場合に、「熱があるんですけど、どうしたらいいですか」という質問の電話をかけてくることです。病院であれば主治医の指示を受ければいいのですが、在宅医療は違います。看護師が1人で行っているわけですから、単に指示を求めているだけでは当法人の看護師としては一人前とは認められません。たとえば、「SpO2（経皮的動脈血酸素飽和度）が下がっているので、誤嚥性肺炎だと思います。抗生物質を打つ許可をもらえますか」というレベルまで対応できるスキルが必要です。

　一方、看護師が中心になると、ケアマネジャーなど介護職との連携がとりやすいという利点もあります。看護師は医療と介護の両方の側面を担っているからです。在宅医療は多職種連携が不可欠なので、看護師が間に入ってくれることで連携がスムーズに進みやすいと実感しています。

地域連携室が担う重要な役割

　医療法人社団貞栄会の特徴の1つとして、「地域連携室」の存在があります。すべてのクリニックに地域連携室を設置しています。

　地域連携室は、在宅医療を受ける患者さんにとって最初の窓口になります。知識・経験の豊富な専任スタッフが、病院、ご家族、ケアマネジャーなどから患者さんの状況を細かくお聞きして、一人ひとりに合った診療チームの環境と体制を準備する役割を担っています。診療が開始してからも、患者さんと家族のサポートはもとより、チームの担当者会議を適宜開催するなどして、患者さんが常に安心

して在宅診療を受けていただけるように努めています。

地域連携室には、大きく分けて次に挙げる2つの役割があります。

❶病院との連携

私たちは主に病院から在宅の患者さんを紹介してもらいますが、病院側は在宅医療についてよく知らないことがあります。病院の医師や連携スタッフは、実際に在宅の現場を見たり、経験したりしたことのある人が少なく、看取りまで行ったことのある人はほとんどいません。したがって、そのクリニックがどういう在宅医療を行っているのかよくわからないまま、患者さんを紹介しているケースが多いのです。

在宅医といっても、内科や外科、精神科などさまざまな診療科の先生がいます。在宅クリニックも医師1人の小規模のところもあれば、私たちのように複数の医師や専門スタッフが在籍する大きな組織もあります。提供できる医療の内容もさまざまで、私たちがどんな在宅医療を行っているのかを、きちんと知ってもらわなければなりません。そのため、当法人の地域連携室のスタッフは常日頃から病院への情報発信を行っています。

また、病院側からすると、患者さんを紹介する際にクリニックのどの部署に電話をしたらいいかわからないことがあります。当法人では地域連携室に直接電話をすれば、話がすぐに通じるので大変助かるという評価をいただいています。

在宅には移行期間というものがあります。当法人では地域連携室があることで、その期間が非常に短くなります。たとえば、退院日が12月27日の場合、一般的なクリニックでは年明けからのスタートになり、実質2週間くらいは移行期間があります。実はこの2週

間が一番危ないわけです。退院直後は症状が悪化して、再入院することも珍しくありません。

　当法人の地域連携室では年末年始を含め、連絡を受けたらその日のうちに、遅くとも翌日には病院の医師、患者さん、ご家族にお会いします。病院からの紹介状が届くまで動けないというクリニックもあるようですが、紹介状には病気のことしか書かれておらず、患者さんの自宅や生活する場がどんな環境なのかはわかりません。当法人では、病院から紹介の連絡があれば、患者さんの自宅の療養環境なども先行して確認し、在宅移行を急いだほうがいいのか、少し余裕があるのかなどを見極めて、在宅医療の開始日を決めます。

❷患者さんと家族のサポート

　患者さんが精神的に弱っていたり、介護するご家族が不安を感じていたりする場合に、診察以外の時間を使って心のサポートをしています。診療報酬上の評価はないため、お金になるわけではないのですが、意味のある重要な仕事だと考えています。

　これは企業のサポートセンターに似ているといえます。直接的な売り上げは生まないものの、消費者はサポート体制の充実した商品やサービスを選びます。私たちも地域連携室が手厚いサポートをすることで、患者さんや家族、病院などから選んでもらえるように努力しています。地域連携室のサポートがあるのとないのでは、経営的にも雲泥の差が出ます。

事業拡大に欠かせない組織体制の整備

　貞栄会は本院である静岡ホームクリニックのほかに東京・千葉・名古屋に分院展開しています。2023年中に静岡県焼津市にも開院予定で、今後もさらなる展開を構想しています。

　事業が拡大するなかで、大きな課題となっているのが、組織体制の整備や人材マネジメントです。正直なところ、私も明確な答えを持っているわけではなく、トライ＆エラーを繰り返しながら、最善のかたちを模索しているというのが実状です。

　2021年、貞栄会グループは組織体制を大きく変更しました（**図表3-1**）。法人本部を設け、そのなかに「理事長室」「分院開設準備室」「事業推進室」「業務管理室」を設置しました。また、新たな役職として「顧問」を設けました。

　今後の組織体制として考えているのは、診療部門と管理部門の分離です。これは一般企業のような体制をイメージしています。クリニックが1つだけで組織が小さいうちは、全体が一体化しているほうが円滑なコミュニケーションが図れますが、組織が拡大するにつれ、それが難しくなってきたと感じています。また、業務の効率化の面からも組織を大きく診療部門と管理部門の2つに分離したほうがよいのではないかと考えています。

　たとえば、業務管理室には「トヨタ式カイゼン」活動を取り入れる方針です。その分野の専門家に入ってもらい、管理部門のすべての業務を洗い出し、一つひとつの業務を因数分解していくことで、すべての職員が誰でも同じクオリティで業務をこなせるように、私たち独自の「型」をつくりたいと思っています。

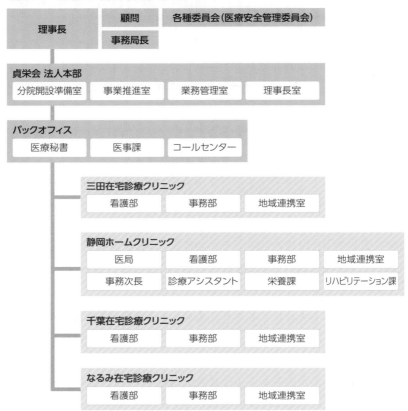

図表 3-1　医療法人社団貞栄会の組織図

| 理事長 | 顧問 | 各種委員会(医療安全管理委員会) |
| | 事務局長 | |

貞栄会 法人本部

| 分院開設準備室 | 事業推進室 | 業務管理室 | 理事長室 |

バックオフィス

| 医療秘書 | 医事課 | コールセンター |

三田在宅診療クリニック

| 看護部 | 事務部 | 地域連携室 |

静岡ホームクリニック

| 医局 | 看護部 | 事務部 | 地域連携室 |
| 事務次長 | 診療アシスタント | 栄養課 | リハビリテーション課 |

千葉在宅診療クリニック

| 看護部 | 事務部 | 地域連携室 |

なるみ在宅診療クリニック

| 看護部 | 事務部 | 地域連携室 |

　私は、診療についてはそれなりに自信を持っています。その反面、事務などの管理部門については改善の余地が大きいと感じています。職員のレベルにバラつきがあり、全体を底上げするには業務改善が必要です。人によっては1時間かかる作業が、仕組みを構築することで誰でも30分で終わらせられるようになる、といった改善ができれば理想的です。

バックオフィスの機能強化とタスクシフト

　法人本部とは別に、静岡にはバックオフィスがあります。現在、「医療秘書」「医事課」「コールセンター」の３部門で構成され、診療部門の業務を支える役割を担っています。たとえば、医療秘書は診療に関連するすべての書類、多職種連携の書類を含め作成しており、それにより医師や看護師は診療に専念でき、業務負担が軽減できます。

　通常、医師は 16 時に訪問から帰ってきても、18 時くらいまで書類作成をしなければならず、生産性が非常に悪くなっています。しかし、その書類はよほど特別な内容でない限り、事務職員でも作成できます。事務職員は基本的に書類の作成に長けており、またそれにより医療活動に貢献できることにやりがいを感じる人もいます。

　医師は書類作成から解放されることで、18 時まで訪問診療を行い、クリニックに戻ったらその日の仕事を終えられます。医師が診療に専念できれば、法人の経営面でもメリットが大きいため、今後はその分業体制を推進していきたいと考えています。

　バックオフィスの機能が充実することで、スムーズな増院展開が可能になります。新しいクリニックで事務職員を育成する必要がなくなり、最小単位でスタートできるようになるかもしれません。開業当初は仕事量が少ないにもかかわらず、職員を雇わないと開業が難しかったのですが、今後は医師と看護師の２人がいれば開院できる可能性があります。

主体的に選ばれるクリニック、選ばれる法人へ

　法人本部の設置など組織体制の変更により、集患についても積極的に取り組み始めました。集患にはさまざまなパターンがありますが、これまでは法人として戦略的な営業活動をしてきませんでした。口コミが基本で、施設や病院からお声がけいただいた患者さんに対して、原則としてすべて受けるというのがわれわれの方針です。その意味ではあくまで受動的といえます。

　今後、分院展開を進めるなかで、私たちが自信を持って提供する在宅医療をより多くの方々に利用していただくためには、戦略的かつ能動的な営業活動が必要だと考えています。その手始めとして法人本部に「ブランディング室」を設置しました。法人の認知度が上がると、選ばれる医療法人になることができます。そして、静岡ホームクリニックだけではなく、貞栄会が認知されれば、転居などにより医療機関の変更をしなければならない場合でも転居先の地域によっては同じ医療を受け続けることができます。これは患者さんにとってもご家族にとっても大きなメリットになるのではないでしょうか。「ブランド力」を高めることで、選ばれるクリニック、選ばれる法人を目指していく考えです。

どの医療機関でも通用する人材を育成する

　法人が成長を続けていくうえで、優秀な人材の獲得は非常に重要なポイントです。在宅医療の分野においても人材獲得競争がこれか

　ら熾烈になっていくと思われます。

　国が在宅医療を推進するなかで、医療機関や企業の参入が増加しています。在宅医療ではマンパワーが特に重要になりますので、在宅医療に力を入れていくためには、優秀な人材の確保、囲い込みが不可欠です。特に企業が運営するクリニックとの人材獲得競争は非常に激しくなっていくと予測されます。

　貞栄会としていかに優秀な人材を確保していくのかは、今後の成長に向けた重要な課題です。そこで大事になるのは、職員への「付加価値の提供」だと考えています。その具体例の1つは「教育」です。貞栄会で働くことで、医師や看護師をはじめ、すべての職員が在宅医療について深く学べる機会をどれだけ提供できるかがカギを握っています。

　医師や看護師のなかには、「重労働な病院勤務に比べて在宅医療は楽そうに見える」「ワークライフバランスを重視したい」といった理由で、在宅医療に携わるようになった人が一定数いると思います。ただ、そうした層のなかにも、セカンドキャリアとしてきちんと在宅医療を学びたいという人もいるはずです。あるいは総合病院に勤めていて、開業前に中小病院やクリニックで在宅医療を勉強しておこうというケースもあるでしょう。最近は実際にそういう傾向が見られます。

　そうなると、その医療機関で何年か学べば在宅医や訪問看護師としてどこでも通用するスキルが身に付けられる、キャリアアップが図れるということが、就業する医療機関を選択する際の大事なポイントになります。その意味で、在宅医療に取り組む医師や看護師を確保するためには、教育面を含めて診療部門がしっかりしていることが非常に大事なことですから、教育システムの構築は大きな課題

といえます。

充実した教育体制で職員の成長を支援

　貞栄会では、これまでも人材育成に力を入れてきました。医師の場合であれば、最初の３か月は研修期間としてベテランの在宅医がマンツーマンで在宅医療の基礎を教えます。診療や治療だけでなく医療・介護保険制度への理解を深めつつ、医療・介護専門職や非専門職が密に連絡・連携をとるなかで多職種連携の課題と成功体験を積んでいきます。加えて、年間約200件（看取り率90％超）の実績を持つ当院の看取りにもかかわってもらい、８か月を目途に主治医として一人前の在宅医になっていただきます。また、専門医取得を見据え、治す医療からその方の人生を支えるという在宅医療の本質を１年かけて理解してもらうというのがロードマップです。

　看護師に関しても同様に３か月を試用期間としてプリセプター制の教育を行っています。ただ、在宅医療において１人だけに教わると偏りが出ることもあるので、ロールプレイング学習や症例の勉強会を院内で行います。それに加えて、各人で学べる法人内サイトの開設準備をしています。

　職員には全員にiPadやiPhoneを貸与していますので、自分の好きな時間に学べます。私のYouTubeの動画コンテンツがすでにいくつかありますが、今後はeラーニング用にコンテンツを増やしていく予定です。

学習効果を高める仕組みづくり

　学んだ内容についてはレポート提出やテストなど何らかのアウトプット作業をすることで学習効果を高めます。

　学習はどれだけ実行したかによって、知識やスキルに差が出ます。貞栄会では職員がより深い知識などを身に付けられるように、研修や学会などの参加を推奨するとともに、各クリニックに推薦図書を置く本棚を設置しました。各自学びたいことが異なるため、購入希望の図書があれば申し込みをしてもらい、有意義だと判断できたら購入する仕組みにしています。

　職員のキャリアアップに関しては、半期に一度の効果査定だけではなく、ラダーによる等級制の構築を考えています。そのなかで各自目標を設定し、上司とともに目標を達成するにはどうしていくべきかを考えていきます。ただ単に業務をこなすのではなく、「やりがい」や「楽しさ」を見出しながらステップアップできるようにして、各自の等級に連動して待遇面を変えていきます。

　これまで給与体系は基本的に一律でした。5〜6人程度の小さい組織であれば問題はないのですが、10人、20人と職員が増えてくると、経験やスキルだけでなくやる気などにも差が出てきます。職員のモチベーションを高めていく意味でもレベルに応じたインセンティブを設けることが必要なのではないかと考えています。

職員はやりがいを持って働けているか

　貞栄会では、これまでも労働環境の整備に力を入れてきました。勤務のしやすさでは他の医療機関に比べて優良だと自負しており、実際に職員の定着率も高くなっています。しかしながら、法人が大きくなるに伴い、この点についても改善や見直しが必要だと認識しています。

　たとえば、在宅医の場合、勤務医であっても基本は開業医という属性です。東京都内の開業医の労働時間は通常９〜18時で、忙しいときでも18時半には受付を終了し、19時半頃までには帰宅します。しかし、在宅医療の場合、20時、21時になることが珍しくありません。これは医師だけでなく看護師や事務スタッフも同様です。基準は開業医ですから、彼らと同様の働き方を非常に意識しています。

　私が開業したときは、プライベートも含めてすべての時間を仕事に向けていました。しかし、職員はそういうわけにはいきません。人材獲得の観点からも、労働環境はこれまで以上に意識するようになりました。

　一方で、労働環境の改善、働きやすさばかりを重視するだけでよいのかという疑念もあります。在宅医療のやりがいや充実度をいかに分かち合えるかということも大事ではないかと思っています。というのも、医療者は働きやすく定時で帰れるということだけを求めているわけではありません。もちろん、それはとても大切なことですが、医療者だからこそ得られるやりがいや充実感がすっぽりと抜けてしまっては本末転倒という気もします。医師や看護師の根底には、忙しくても、在宅で患者さんともっと接したい、患者さんの気

持ちに寄り添った医療がしたいといった、それぞれの理想形が絶対
にあるはずです。

　企業系の在宅クリニックは条件面を最優先すればいいのかもしれ
ませんが、私はそれだけではなく、教育の充実を図り、職員のスキ
ルアップを積極的に後押しするとともに、やりがいを感じられる職
場にしていきたいと思うのです。

　業務だけに忙殺されないように、診療以外の業務の見直しを図り、
オンとオフのメリハリをつけながら、休日にはしっかりと休めるよ
うな体制を構築していきます。患者さんに 24 時間 365 日の医療を
提供するには、職員の心の余裕が必要で、その実現に向けてはリフ
レッシュできる環境が不可欠ではないかと考えています。

IT を積極活用した業務の効率化

　貞栄会では、働き方改革の一環として、IT を積極的に活用し、
業務の効率化に力を入れています。

　2018 年には、患者さんの手首に巻く腕時計型のウェアラブル端
末「iAide（アイエイド）」を医療機関として初めて導入しました。
患者さんの脈拍をセンサーで取得し、クラウド上でデータ管理する
もので、脈拍を 24 時間観察できます。データはクリニック内の大
型ディスプレイに表示され、往診が必要かどうかの判断に役立ちま
す。患者さんの見守りの効率化につながります。

　iAide は、就寝中の脈拍の変化から他の病気の診断、症状の予測
などにも有効です。将来的に、加速度センサーによる体の動きや体
温の変化まで把握できるようになれば、診断の効果がより向上する

ことが期待できます。

　一方、オンライン診療の導入も進めています。たとえば、静岡の患者さんを東京からオンラインで診ることが可能になりました。オンライン診療の要件は少しずつ緩和されおり、今後もその流れが進んでいくことを望んでいます。在宅医療では、すべての患者さんが重症ではないので、オンライン診療のシステムが充実すれば、対応しやすくなります。

　仮に患者さんの数が２倍に増えた場合、スタッフを２倍にして対応するのは難しいと思われます。そうすると、スタッフ１人当たりが診る患者さんの数が増えます。また、夜間の電話が平均３件の場合、倍の６件になると対応できません。

　そうした際に、ウェアラブル端末でバイタルがわかり、オンライン診療で患者さんの状況がわかれば、訪問の優先順位をつけさせてもらうことができ、トリアージの失敗が防げます。技術的にはその実現が可能になりつつあります。

　一方、事務作業の効率化にも取り組んでいます。在宅医療は事務仕事が多いので、ICT を積極的に導入していく方針です。事務処理では同じ作業を繰り返すことが多いので、RPA（ロボティクス・プログラム・アシスタント）を活用して自動化を進めていっています。

　事務作業の自動化により、医師が行う文書作成が効率化すれば、医師は診療に割く時間が増えます。それによって患者数が増え、クリニックの収益アップにつながります。

　事務職員は患者さんやご家族と接する機会がほとんどないので、モチベーションを高めることが難しいという実状があります。ご家族とはたまに電話で話をする程度、お看取りをしたあとにご家族がクリニックにお礼に来られることが多いので、そのときくらいしか

顔を合わせる機会がありません。仕事のモチベーションをどう上げていくかが課題です。

　そうしたなかで事務作業の自動化が図れれば、事務職員も時間に余裕ができます。その時間を使い、患者さんのご自宅を訪問してご家族らと触れ合えば、在宅医療を支えるチームの一員としてのやりがいも出てくると考えています。

同じ志を持った仲間を集めたい

　貞栄会の理念には、「患者様が誇りと尊厳のあふれる人生を全うし、ご家族が命を受け継ぐ一助となりたい」と掲げています（p.51 **図表 2-1** 参照）。また、行動指針として、「一緒に寄り添い、一緒に悩む」「その人の役割を考える」「笑いのある看取り」（**図表 3-2**）を打ち出しています。

　この理念に共感し、行動指針に則って働ける仲間が１人でも多く増えてほしいと願っています。とはいえ、言葉でいうほど簡単ではありません。実際に行動に移すとなると、意識の差が出てきます。

　病院の医師の対応でよくあるのが、「DNR（Do Not Resuscitate：蘇生処置拒否）、あるいは BSC（Best Supportive Care：積極的な治療は行わず、症状緩和の治療のみを行うこと）なので、患者さんがお亡くなりになったら呼んでください」というケースです。それが普通だと考えている医師は少なくありません。

　私たちが目指す在宅医療はそうではなく、人生の最期をいかに充実して過ごしていただくかに注力しています。寿命を延ばすことはできませんが、看取りをしたときに、「やっぱり家で最期を迎えら

図表 3-2　貞栄会の行動指針

貞栄会の行動指針

「一緒に寄り添い、一緒に悩む」

「その人の役割を考える」

「笑いのある看取り」

れてよかった」と、ご家族に思ってもらえることが何より大切になります。

　1週間後や1か月後に亡くなることが避けられないのなら、ご家族は苦労するに決まっています。そこに医療者としてアプローチしていき、不安な気持ちに寄り添い、一緒に悩み、教えられることをお伝えして伴走していきます。大変な手間をかけないとそこまで辿り着けないかもしれませんが、そこにアプローチできるかどうかを問われるのが在宅医療です。

　アプローチの方法は医師、看護師、ケアマネジャーと、それぞれ専門職によって違います。それぞれがそれぞれのかかわり方をして、残されたご家族の充実度を高めなければなりません。

　コロナ禍では職員一人ひとりが力を出し合って協力し、「この患者さんはお看取りできないかもしれないと思っていたけれど、皆でがんばったおかげでお看取りができた」ということに喜びややりがいを感じた職員が少なくありませんでした。貞栄会では、そういう意識を持った人たちの集団にしていきたいと努めています。

在宅医療を正しく理解してもらうために

　私たちは法人をあげて在宅医療の啓蒙活動を展開しています。特に正しい在宅医療とは何か、望まれる在宅医療とはどういうものかについて、啓蒙活動をすべきだと考えています。たとえば、在宅医療を行うクリニックでも、定期訪問だけで緊急時は訪問しないところもあります。正しい在宅医療とは、定期訪問に加えて24時間対応することです。

　在宅医療の理解が進んでいないために、患者さんが在宅医療を主体的に選択するケースが少ない現状があります。医療者に言われるがまま、居宅や施設に移ることがほとんどです。

　実際、在宅医療を受ける患者さんのなかには、病院の医師からきちんと説明を受けておらず、迷っているまま居宅へ戻ってきたという人が少なくありません。在宅医療についてきちんと説明すれば理解していただけますし、最後はよかったと言ってもらえますが、最初から自分で選択していない、いまの在宅医療のあり方はよくないと私は考えています。

　具体的な啓蒙活動としては、在宅医療に関する講演を行っています。一般の方やケアマネジャー向けなど、年に15回ほど講演しています。自治体から呼ばれることも増えており、地域包括支援センターから依頼されることもあります。

　ケアマネジャー向けの講演は私以外に、地域連携室の業務を兼任している看護師が行うこともあります。講演をすると自分自身の勉強にもなります。

　そのほか、静岡ホームクリニックの近所にある大型商業施設で

ブースを借りて、年に３〜４回、一般の方に在宅医療を知ってもらうイベントを開いています。在宅医療の機器を置いたり、在宅医療の様子がわかる映像を流したり、在宅医療に関する相談にも乗っています。これは集患の営業ではなく、買い物のついでに気軽に在宅医療について知ってもらうことが目的です。

　この取り組みは、これからも続けていきたいと思っています。商業施設側も関心を持っていて、医療や健康に関するイベントは喜ばれます。

　また、私たちがかかわる施設では、介護スタッフのスキルアップの意味で、年に６回ほど医療知識を教えています。それがグループの施設に広がってくれればいいなと期待しています。

　最近では、地域の町内会から呼ばれることが増えています。高齢者が40人くらい集まっておしゃべりをする会に出向いて話をします。在宅医療がリアルに感じられる年代の方がほとんどなので、「妻を看取り、自分一人でどうすればいいか」といった質問が数多く寄せられ、活発なやりとりがあります。在宅医療は地域づくりであると私は考えています。地域貢献の意味でも、啓蒙活動は意味があると思っています。

　私たちは情報発信を大事にしています。クリニックの患者数、訪問実績、在宅看取り率、夜間対応、救急搬送の数などは、ホームページで開示するとともに、啓蒙活動を通じて情報提供しています。情報を発信することで責任も大きくなります。きちんとした在宅医療を提供しなければならなくなるからです。

　啓蒙活動は、私自身も含め、看護師たちの勉強にもなります。常に知識をアップデートしなければならないため、スタッフの成長の機会として、とてもよいことだと実感しています。こうした活動を

今後も積極的に展開していきたいと考えています。

職員それぞれの体験・それぞれの成長

　本章の最後に、当法人の職員の声を紹介します。登場してもらう3人は、さまざまなきっかけで貞栄会に入職し、在宅医療の魅力に触れ、現場で学びを深めながら、法人の成長に貢献してくれています。

在宅医療のやりがいを感じ、
成長できる環境

静岡ホームクリニック院長／医師　松本拓也

　私は貞栄会に入職して、2023年4月で6年目になります。その前の約6年間は静岡赤十字病院で総合内科医として勤務し、貞栄会には週1回、赤十字病院から非常勤で通っていました。

　初めて在宅医療にかかわったのは、静岡赤十字病院の前に勤めていた名古屋の病院時代です。週1回、病院近くの在宅クリニックで非常勤医師として働く機会を得ました。在宅医療のことは全く知りませんでしたが、実際に始めてみると、患者さんの自宅に伺い、話をしたり、生活を確認しながら診療することのおもしろさや魅力にひかれて、だんだんと在宅医療の世界に引き込まれていきました。

　在宅医療に魅力を感じていた私は、施設や居宅など色々な患者さんの診療をしたいと思い、貞栄会に入りました。貞栄会はまさに幅広く在宅医療を行っていました。依頼があればどこでも、どんな患者さんでも診るという方針は、私も病院勤務時代から総合内科医として来る患者さんを選ばないという考えだったので、つながる部分だと感じました。実際、入職後は色々な患者さんを、どんな場合であれ必ず受ける、訪問するというスタンスで診療しています。

　初めてお伺いするお宅ではまず室内を見回します。そこには患者さんの人生にまつわる色々なものが置いてあったり、飾ってあったりします。それらを見て、その人がどんな人なのか、どういう生活を送ってこられたのかなどを想像しながら、患者さんとしてだけではなく、一人の人間として診ることを心がけています。

　病院では、入院されてきた患者さんに治る方、治らない方がいま

す。どんな病気であれ、どんな状態であれ、患者さんにはやりたいことや希望があると思います。例えば、お酒を飲みたいでもいい。それらは病院では実現できないけれども、在宅ではかなりの部分を叶えることができます。

　ある認知症の患者さんの例です。その方は透析をされていて寝たきり、反応もとても鈍い状態でした。ある時、その患者さんはお酒が好きで、特にビールが好きだったというお話をご家族がポロっと話されました。それならばビールを飲んでみようかということになり、ビールを注いだグラスを患者さんの口元に持っていったところ、患者さんが突然目を覚して、グラスを自分の手で持ってビールを飲まれたのです。飲んでいる時の患者さんの表情がこれ以上ない程うれしそうなのがとても印象的でした。もちろん、ご家族もとても喜ばれました。私はその患者さんを長く診ていたのですが、今まで見たことのない表情をされました。そういったうれしい場面に遭遇すると、在宅のやりがいを強く感じます。

　私たちは、在宅医療に取り組む医師が増えることを望んでいますが、実のところ医師の側も在宅医療のイメージをきちんと持てている人はそう多くないように思います。また、興味があったとしても、自分にできるのか？　不安を抱えている先生も少なくないのではないでしょうか。その理由には、病院との違いがあります。病院には色々な医療器具があり、検査などがすぐに行えます。しかし、在宅医療では限られたなかでしっかりと医療が提供できるのだろうか？こうした不安を解消することが、在宅医を増やすための大事なポイントの１つになるのではないかと考えます。

　また、医療技術ということではなく、生活の中で先ほどのビールを飲んだ患者さんのような場面にかかわることで、在宅の楽しさや

おもしろさ、魅力を感じることができれば、在宅医療に取り組みたいという医師が増えるだろうと思います。在宅医療の魅力は、患者さんの生活の中に入り、患者さんだけでなくご家族の物語や、これまでの生き方にかかわることができることです。医療の面ばかりを見すぎず、患者さんの生活や人となりを含めて診ることに、在宅医療のおもしろさややりがいが感じられるのではないでしょうか。

　在宅医療は底が尽きません。やればやるほど奥深さを実感します。その中で常に気をつけているのは、より丁寧に診療をするということです。患者さんだけでなくご家族へ、誠実に向き合うことをずっと目標として持っています。患者さんの思いや考え方を尊重しているつもりですが、ときには後悔とまではいかないものの、もっとこうしたらよかったのではないかと振り返ることがあります。ご本人の話は聞いたけれど、ご家族はどう思っていたのかを擦り合わせ、確認していくということをより丁寧にやっていきたい。そして一つひとつ誠実に取り組んでいきたいという目標に向かって日々の診療にあたっています。

　貞栄会には医師や看護師ら多くのスタッフがいます。皆が違った背景や経験を持ち、自分の考えを持ちながら仕事をしています。ここでは多様性が認められています。共通するのは、より質の高い在宅医療を提供したいという思いで、そのために各人が努力しています。その中で互いに学び合い成長できます。在宅医療にご興味のある人ならどなたでも歓迎し、在宅の楽しみやおもしろさ、そしてやりがいを感じてもらえる場所だと思います。

笑いのある
看取りを目指して

法人診療部看護師　鈴木梨恵

　私は静岡ホームクリニックの立ち上げの時に入職し、2022年で在職期間は丸7年になります。3人の子育てをしながら富士市のリハビリ病院で働いていた時に、その病院の先生から貞栄会をご紹介いただきました。当時は在宅医療についてピンときておらず、『Dr.コトー診療所』みたいな、またはおじいちゃん先生が黒い鞄を持って訪問診療に行くようなイメージをもっていました。貞栄会に入り、こんなに深く患者さんやご家族にかかわる医療があるのかと、在宅医療自体の考えが大きく変わりました。

　内田理事長は若くて、在宅だけれど病院のように積極的に治療をしたいという感じでした。私は、在宅医療では医療的手技をあまりやらないイメージをもっていました。しかし、理事長は点滴や注射をするなど、毎日懸命だったのを覚えています。

　最初の頃はグループホームの患者さんが60人くらいだけで、仕事が少なく時間が余るような状態でした。患者さんの数が増えたのは、望月悦子さんが入職して地域連携室を立ち上げてからです。地域連携室の名のとおりに地域とのつなぎ役、患者さんやご家族との懸け橋になっただけでなく、医師と看護師だけではできないような知恵を、望月さんはたくさんもたらしてくれました。望月さんがいなければ、貞栄会はここまで大きくはなっていなかったでしょう。加えて、理事長の医療が地域に認められたことにより、口コミで評判が拡がり、施設との関係性が少しずつでき、新たな施設をご紹介していただけるようになりました。それからは、右肩上がりで成長

しました。

　私はとにかく患者さんのところに行くのが好きで、患者さんから、笑顔を見せてもらったり、「ありがとう」「また来てね」と言ってもらえたりすることが、大きなやりがいとなっています。

　また、貞栄会の行動指針である「笑いのある看取り」という言葉がすごく好きです。言葉だけでは誤解されるかもしれませんが、最期を笑顔で送れるように、私たちと患者さんやご家族がお互いに納得してかかわっていくことを大切にしています。患者さんやご家族の中には、「点滴をしてほしい」「何とかしてほしい」と、死を受け入れられない方もいらっしゃいます。そうした状況では、医師や看護師の診療だけでなく、地域連携室のスタッフもご自宅に伺い、ご本人やご家族に寄り添い、不安を傾聴し、ゆっくりと死を受け入れられるようサポートしていきます。そして最期は穏やかなお顔をして旅立たれた患者さんに対して、看護師だけでなく医師やご家族みんなで患者さんの体を拭き清めるなど最後のケアをしてお見送りします。もしかすると病院では作業的かもしれないケアが、在宅の場では笑顔のあるケアになる。このような個別性に富んだ体験を積み重ねていくことは、自身の財産にもなりますし、在宅医療のやりがいや楽しさにつながっていきます。

　ただ、在宅の場において何が正解ということを求めるのは難しく、答えはないことが多い気がします。同じ人が１人としていないように、同じ疾患であっても同じ環境であっても、同じ人であっても日によって時間によって違うこともあります。そんな中で、その人にとっての最善は何かを考え続けていくことが在宅医療の場では重要となります。

在宅医療のことを含めて、貞栄会に入り多くのことを学びました。例えば、医師との距離感です。病院とは違う距離感が在宅医療にはあります。その最たるものは車での移動です。看護師が運転して医師を連れて診療にまわるため、その道中のコミュニケーションは病院とは異なり、多くの会話が求められます。病院では限られた職種の人とコミュニケーションをとればよいのですが、在宅医療は外部の人たちとの連携が重要です。こうした在宅医療を通して、看護の視点だけでなく人として患者さんを観察する力が養われたように感じています。

医師とのコミュニケーションで、忘れられないエピソードがあります。静岡ホームクリニック院長の松本先生が入職されて間もない頃の話です。困難事例のお宅へのかかわり方に悩む看護師がおり、その場にいた看護師たちに相談していました。近くの机で松本先生が作業をされているのは分かっていたのですが、看護師の話を聞いているとは思っていませんでした。しかし、松本先生は私たちの話をしっかり聞いていて、話し合いが終わったタイミングで「がんばれば報われるよ」と一言声をかけて帰っていきました。その一言でその場にいた看護師たちは涙しました。答えがない迷路の中、小さな光が見えたような感じがしたのです。医師が看護師のメンタルフォローまでしてくれる、内田理事長もそうですが、何か困っていると手を差し伸べてくれます。これは在宅医療の力というより、貞栄会の精神なのだと思っています。

貞栄会では、何でも受け入れて、自分で考える力がつくと感じています。内田理事長のスタッフを信頼し色々とトライさせてくれることも大きな要因であると思います。私は法人設立前の静岡ホームクリニックの開業時から看護師として勤務していましたが、現在は

診療部副部長として分院の立ち上げやスタッフ教育に携わっています。初めてのことが多く失敗もしますし、壁にぶつかることもあります。

　貞栄会では積極的な分院展開を進めています。分院の開設自体はそれほど難しいことではありませんが、開業して軌道に乗るまでにはいくつもの困難や苦労があります。それでも開業時から分院スタッフとかかわっていく中で、おのずとスタッフとの信頼関係も生まれてきます。理事長に言えないことなども私が拾い上げて伝えることで問題解決につながり、お互いの満足度が上がっていきます。千葉分院や三田分院でも失敗や苦労が教訓となり、それらを活かした「なるみ分院」が動き出しています。「なるみ分院」は貞栄会が更なる飛躍をする分岐点になると私は考えています。

各分院の地域連携室スタッフに
自分の経験を伝えたい

法人顧問／連携室看護師　望月悦子

　私は、貞栄会に入職する前は総合病院に約 35 年間勤めていました。総合病院を退職した理由は、仕事に行き詰まりを感じて、看護師としてリセットしたいと考えていたからです。看護師として最前線で働いていた頃は、患者さんやご家族目線で看護計画を立てるなど日々の看護業務にやりがいを感じていたのですが、年月が経ちキャリアが上がると最前線という訳にはいかず、仕事につまらなさを感じてしまったことが大きな原因です。退職後は趣味に生きていたのですが、そんな生活に慣れた頃に内田理事長からお誘いいただきました。

　誘っていただいたのはうれしかったのですが、在宅医療なんて全く知らない分野です。加えて車の運転が苦手だったので、一看護師としての業務は難しいと考え、一度はお断りしました。それでも内田理事長は諦めず、「地域連携室」ならどうか？と提案してくださりました。患者さんだけでなくご家族を支援することは、私がやりたいと考えていたことでもあり、静岡ホームクリニックへの入職を決めました。特に現在の貞栄会の理念である「患者さまが自分らしく生活されて、それを次の世代、家族に受け継ぐ」という内田理事長のお話にとても共感しました。

　内田理事長からは「何でもやっていいよ」と言われましたが、実際に地域連携室が稼働するまでには 1 年位かかりました。なぜなら、在宅医療の中で内田理事長の理念に沿うためには、自分は何をしたらいいのか？　そんなことを思い悩んでいたからです。業務の面で

は看護師という資格が邪魔だと感じることもありました。自分が診療に同行して点滴など手技をすれば診療報酬が算定できるのに、相談業務では算定できないため、お金を生まない自分は何もしていないと考えてしまうこともありました。実際、「貢献できていないので退職したい」と内田理事長に申し出たこともありましたが、「あなたは経営面は考えなくていい」と諭されて、もう一度頑張ろうという気持ちになることができました。右も左も分からない中でも、とにかく一人ひとりの患者さんに丁寧に向き合っていくことが、私にできることだと考え取り組んでいます。

　試行錯誤しながら立ち上げた「地域連携室」の主な仕事は、在宅医療を希望する患者さんやご家族の相談に乗ったり、外部向けに啓蒙活動を行ったり、多職種連携としてケアマネジャーや訪問看護ステーションや病院の連携担当者らを一つひとつ丁寧につなぐことです。

　また、癌末期で看取り期に入った患者さんのいるお宅があれば、看護師と情報共有しながらご自宅を訪問して、ゆっくりと患者さんご本人だけでなくご家族の話を聞いたりします。これは家族支援を通して「良い看取りを叶える」ことでもあり、「ご家族が命を受け継ぐ一助となりたい」という法人理念に沿ったものでもあります。「命を受け継ぐ一助」つまり、遺していく人、遺される人が言葉を紡いでいけるよう支援することに努めています。

　地域連携室の仕事は、院内連携も大切です。例えば、精神疾患をもつ患者さんが病院に行きたがらないという相談がケアマネジャーからありました。そこで在宅診療で介入することになったのですが、医師と看護師、つまり医療者だけで訪問すると患者さんが身構えてしまい受け入れが悪いかもしれないと思いました。そこで私も初診

に同行することにしました。さらにケアマネジャーにも同席をお願いすることで、患者さんは安心し、すんなりと提案を受け入れてもらうことができ診療開始となりました。ご家族も困っていたため、「とても助かった」と仰っていただきました。こうした日々の積み重ねが私だけでなく、地域連携室、そして貞栄会の成長につながっていると自負しています。

　現在は地域連携室を少し離れて、法人本部の顧問という立場にあり、後進の育成が今後の私に課せられた大きな役割だと考えています。在宅医療を希望される方を100%受け入れるためにはどうすればよいのか？　その実現に向けて、自分が経験してきたことを具体的に各分院の地域連携室のスタッフに伝えていきたいと考えています。在宅に移行できないと決めつけるのではなく、どうしたらみんながハッピーになれるか、その人にかかわる全ての人がチームになれるかを考えながら取り組んでいきたいと考えています。

　さらなる分院展開が貞栄会の命題ですが、分院が多くなっても本院と同じ医療を提供できる形を作っていきたいと考えています。貞栄会ならではの教育スタイルとして「在宅学校」のようなものができたらと構想を練っているところです。教育の充実を図り、スタッフの育成に力を注いでいくことが、私のこれからの抱負です。

PART 4

在宅専門医という
生き方

「互助」が当たり前の田舎町で育つ

　私が生まれたのは栃木県の南西部に位置する安蘇郡葛生町という小さな町です。現在は合併して佐野市になっています。佐野市の人口は約12万人で、栃木県では那須塩原市に次いで第6位ですが、当時の葛生町の人口は1万2,000人ほどでした。いまは半分の6,000人くらいに減っていると思います。5校あった小学校も1校を残すのみです。こうした人口減少を考慮し、私は地元での開業を断念しました。本当に田舎で、町の中心に通りがあり、私の家はそこを1本入ったところで、母が小さな美容院を経営していました。

　地域の人は顔見知りという環境で、田舎だから当たり前ですが、どの家が誰の家か、誰がどこに行ったかなど、みんなが知っているような狭い地域でした。よく友だちのおじいさんやおばあさんにお小遣いをせびりに行ったりもしていて、とても牧歌的な雰囲気でした。

　一方で、町内会の活動が活発で、運動会やお祭りを楽しみにしていました。昔の田舎町は全国どこでも同じような感じだったのではないかと思います。

　そういう環境で育ったので、現在、国が進めている地域包括ケアシステムについて、すんなりと理解できる面があります。地域包括ケアシステムを効果的に機能させるために、「4つの助（自助・互助・共助・公助）」が重要だとされています。この「互助」については、当時は当たり前のことだったように思います。「○○さんの家のおばあちゃんは最近調子悪そうだけど」とか、「ご飯を持っていってあげなさい」といったことが普通にありました。田舎ではどこでもあったのでしょうが、いまはずいぶん変わったと思います。

　ちなみに、私たちの法人がある静岡市内周辺には、そうしたご近所さんのつながりがいまでも残っています。訪問診療をしていると、けっこうな頻度でご近所さんが料理を持ってきたりしています。そういう環境にいるので、「互助」について感覚的にイメージしやすく、地域包括ケアシステムにおける私たちの役割、在宅医療で患者さんの生活をサポートするためにはどんなことをすればよいのかということが頭に入りやすいと感じています。

医師を目指したきっかけ

　私が医師を目指したのは、たまたまとしか言いようがありません。何かかっこいい理由があるとよいのですが、正直なところ特に理由はありません。

　学校の成績がよかったため、何となく「将来はお医者さんになりなさい」と親から言われていた気がします。母親は美容師ですが、自分が受けた教育よりもよい教育を子供に受けさせたいと思っていたようです。田舎でしたが、小学校の頃は塾に週5日通っていました。

　実際に医学部に進もうと考えるようになったのは、高校一年生のときです。県立栃木高校という男子校の進学校で、入学試験の成績が上位だったことが理由の1つです。成績はその後もそれなりに上位をキープしていたこともあり、医学部に行こうという意思が次第に固まっていきました。

　2001年に聖マリアンナ医科大学に入学しました。勉強はもちろんですが、水泳部に入部し、キャプテンも務め、かなりハードに活動していました。私は子供の頃からスポーツが好きで、体育会系の

聖マリアンナ医科大学時代、水泳部の仲間たちと

資質がありました。そのおかげで体力が養われたと思っています。

　大学卒業後は、そのまま聖マリアンナ医科大学で研修医となりました。実は研修医になる直前まで外科に進もうと考えていました。外科の手技はすごく魅力ですし、自分は手先も不器用ではないので合っていると思っていました。

恩師の闘病を知り、リウマチ内科の道へ

　ただ、研修医の１年目にいろいろな科を回るなかで、リウマチ内科に魅力を感じるようになっていきました。その理由の１つは、ちょうどその頃、幼少から非常にお世話になっていた地元の恩師が、膠原病の一種である血管炎症候群を発症し、闘病していることを知ったことです。彼はアマチュアのマラソン選手で、私は小学生の頃から走り方を教えてもらっていました。中高時代もお世話になり、関

係はいまも続いています。

　そんな恩師が膠原病で苦しんでいることを知り、リウマチ・膠原病内科への関心が強くなったのです。恩師とは長い付き合いが続き、いずれは自分が診るんだろうなという思いが自然と沸き起こってきました。将来、開業する際にも、患者さんと長く寄り添っていけるリウマチ内科は、自分にすごくピッタリのような気がしました。実は聖マリアンナ医科大学はリウマチ・膠原病内科が有名で、学ぶには非常によい環境にあったことも気持ちを後押ししました。

　医者によっては患者さんと長い付き合いをする科を嫌がる人もいます。外科で切って終わりというほうがよいと。おそらく私は医学的なところが一番好きというタイプではなかったのかもしれません。患者さんと長く付き合っていくという医療が好きだったのだと思います。

　あるとき、小児科医になった先輩が「子供の頃に診た人に将来、結婚式に呼ばれるのが夢なんだよね」という話をしていて、そういうのもいいなと思った記憶があります。リウマチ内科の場合はそういうことはないでしょうが、それに近い面があります。患者さんに長く寄り添いながら、関係性を築いていくことはできるだろうと思いました。

在宅医という天職との出会い

　そうしたことを考えているなか、研修医の２年目にスーパーローテート研修で地域医療を回るときに在宅医療を選択したことが、在宅医療との出会いになりました。在宅医療の現場を初めて知り、非

研修医1年目に参加した日本リウマチ学会での研修を通じて、リウマチ・膠原病内科への道に進むことを決断した

常に魅力を感じました。

　しかも、リウマチ・膠原病内科と在宅医療は、私からすると最強に相性がよいと思ったのです。リウマチ・膠原病は治らない病気で、ずっと患者さんに寄り添っていかなければなりません。研修医時代のリウマチ内科の先輩に「この患者さんは20年診ている」という話を聞いてとても感動しました。患者さんに長く寄り添うという意味では在宅医療と似ています。このとき、リウマチ内科と在宅医療が自分のなかで1つにつながりました。

　研修医を終えたあとは、そのまま大学の医局に残り、リウマチ内科の外来をこなしました。一方、研修医時代にお世話になったクリニックから誘われ、在宅医療のアルバイトに励みました。アルバイトの目的は在宅医療を学ぶこと、そして、開業資金を稼ぐことです。

　在宅医療は知れば知るほど、リウマチ内科との相性のよさを実感し、自分は開業医に向いているという思いが確信になっていきました。開業のイメージが具体的に浮かんでくるようになったのです。

　研修医時代には病院で亡くなる方もいましたが、勤務医の最後の頃は病院で亡くなる方がほとんどいませんでした。病院での長期療養が難しくなり、患者さんは退院させられ、施設や自宅で療養するようになっていたのです。リウマチや膠原病は、処置や使用する薬剤が特殊なため、地域で診てもらえるクリニックが限られます。そのため、担当していた患者さんが退院後、どのように過ごしているのかが非常に気がかりでした。その点、在宅医療なら患者さんの人生の最期まで責任を持って寄り添うことができます。

　当時は在宅医療のアルバイトだけで3つのクリニックに行き、ほかにも療養型病院や救急病院、精神病院などでアルバイトをしていました。月の当直日数は27日くらいで、大学病院に4～5日、残りの二十数日はアルバイト先です。夏休みもすべてアルバイトに費やしていました。

念願の開業、刺激に満ちた日々を送る

　私は医学部に入学した時点で、将来は開業することを決めていました。しかも、医師として一番脂の乗っているときを開業のタイミングにもってこようと思っていました。具体的には「35歳までに開業する」と目標を定めていました。

　そのため、研修医の終わりくらいには取れる専門医資格は何かをすべて逆算していました。専門医の資格は、開業するときに1つの説得力になるだろうと思ったからです。リウマチ内科の道へ進むと決めた段階で、どういう流れで資格を取っていくのが望ましいかを考え、自分がかかわるリウマチ、膠原病、アレルギー、内科などの

専門資格が取れるように準備をしました。また、博士号も同じ理由で取得し、準備を着々と進めながら開業に備えました。

　開業形態については、在宅医療専門か、外来診療も行うのかを迷いました。当初は地元の栃木で開業するつもりだったのですが、前述の理由から難しいと判断しました。そうこうしているうちに静岡の案件が持ち込まれて、在宅専門で開業することを決意しました。当時はまだ32歳で、予定より少し早いタイミングでした。本当は35歳までに海外留学までできれば完璧だったのですが、開業のチャンスが巡ってきたので仕方ないと納得しています。

　結果的には、早く開業して正解だったと思っています。24時間365日対応の在宅医療は体力が求められます。50代、60代と年を取っていくと、深夜や休日の対応がだんだん厳しくなっていくでしょう。そうすると家族から急な往診の要請があっても看護師を派遣するなど、連絡を受けて指示を出すだけという対応が増えていく可能性があります。その点、少しでも早く開業できたのは幸いでした。32歳から50歳まで続けたとしても、18年間も地域医療に貢献できます。

　在宅医のなかには開業して2年間くらいは、オンコールで発狂するくらい苦労したという先生もいますが、私は勤務医時代に月27回も当直していたため、そんなに苦労を感じませんでした。また、よく大学の先輩に、「早く開業するとつまらんよ。同じ繰り返しだから」と言われましたが、私はそんなことを感じたことはありません。在宅医療は患者さん一人ひとりが違う疾患を抱えています。生活環境なども違います。同じ繰り返しということはあり得ません。加えて、私たちは「動く総合病院」を謳っています。多くの専門医がいるので気づきも多いですし、触発されることもあります。とても刺激に満ちた職場環境だと思っています。

諸先輩方のアドバイスを糧に

　開業にあたって不安がまったくなかったかと言えば、嘘になるかもしれません。しかし、私の場合は信頼できるパートナーの存在があったので、ほとんど心配はしませんでした。また、勤務医時代のアルバイトで在宅医療に取り組む先輩方の姿が見えていたのもよかったと思います。複数のクリニックで約7年間励んだアルバイトでは、それぞれの理事長や院長、事務長、看護師の方と仲よくさせていただきました。7年間もアルバイトを続ける医師は少ないので、売り上げや人件費などお金のことも含めて、開業のアドバイスもいただきました。クリニック経営の全体像が見えていたのです。

　リウマチ内科についても同様です。大学の医局に開業直前までいたので、先輩方がどうやって開業しているのかなどを間近に見ることができました。医局はありがたい存在です。やはり同門でないと、なかなか教えてくれません。私も後輩が来れば相談に乗るようにしています。同じ釜の飯を食った先輩・後輩、同級生は大事です。

　もう1つ、在宅医療業界のありがたい点は、この道の先輩方が親切なことです。本書で対談させていただいた医療法人社団悠翔会理事長の佐々木淳先生をはじめ、相談すればヒントを与えてくれる先生方がたくさんいます。また、在宅医同士の交流も活発で、お互いに話をするなかで自分ができていること、できていないことがわかります。一般の開業医にはそういう空気がないように感じます。自分の知恵や技術などを外に出さないような印象を受けます。その点、在宅医療業界は初対面の先生でもウェルカムで、とてもすばらしいと実感しています。

美容師をしていた母の教え

　開業医は提供する医療だけでなく、患者サービスにも注力しなければいけません。当然、在宅医療も同様です。

　病院の勤務医は毎日たくさんの患者さんを診ていると、すべて自分についている患者さんだと勘違いしてしまいがちです。しかし、患者さんはその勤務医を目的に受診しているのではなく、その病院だから受診しているのです。開業したからといって、患者さんがついてきてくれるわけでありません。

　私は勤務医時代からずっとそうした意識を持ち続けてきました。その背景には、母親が美容室を経営していたことが影響している気がします。親の背中を見て、親がしていたことを自然にマネしているところがあるように感じます。

　たとえば、母親は私をガミガミ叱っていても、お客さんから電話があれば、一変して丁寧な対応をします。子供の頃はその豹変ぶりに驚いていました。開業医もスタッフを厳しく注意をしているときや機嫌が悪いときでも、患者さんが診察室に入ってきたら、笑顔で迎えなければなりません。

　また、私の母親は髪を切っている間、お客さんといろいろな会話をしていました。その日の天気やテレビ番組など他愛もない内容ですが、お客さんに喜んでもらうために努力をしている母親の姿を見て尊敬していました。田舎であることから近所付き合いも多く、年末年始のあいさつ回りは欠かしません。近所の人から私が何かもらえば、必ずお返しに行き、お年玉をもらえば、その家に一緒に連れて行かれてお礼をします。田舎だから当たり前と言えば、当たり前

かもしれませんが、人として当然のことができることは、開業医にとっても重要です。患者さんの紹介を受ければ、紹介元に私が直接お礼をします。スタッフが大きなミスをすれば、私が謝罪をします。当たり前のことを当たり前にすることを常に心がけています。

相応の覚悟がなければ開業できない時代へ

　私は在宅医療にかかわる医師が1人でも多く増えることを願っています。ただ、社会保障費が抑制されるなか、クリニックの経営はだんだんと厳しくなっており、今後は在宅医療を含めて医師の開業が難しくなるかもしれません。

　とはいえ、金銭的な部分は何とでもなるのではないかと考えています。たとえば、開業資金として必要な3億円の融資が受けられなかった場合は、1億円の規模でスタートすればよいと思います。自分の目指す医療が3億円で100%だとすると、1億円あれば50%程度は達成できるでしょう。開業後、患者さんの支持を得られてから3億円の規模まで拡大し、最終的に自分がやりたいレベルまで到達できればよいのです。

　私のところにも、ときどき開業の相談に来る先生がいます。話を聞くと、製薬会社やコンサルティング会社から開業には2～3億円ほど必要だと言われ、金額にひるんでしまって、どうすればよいかアドバイスしてほしいというのです。私にいわせれば、そのくらいで躊躇するなら本気で開業したいという気持ちがないのではないかと感じます。

　「この医療をどうしてもやりたい」という強い覚悟があれば、挑

戦するはずです。勤務医に疲れたから、ただ漠然と開業したいというような考え方では、たとえ開業はできたとしても、経営を続けていくことは難しいのではないかと思います。

チャレンジを続けることが重要

　私がリウマチ内科を専攻するきっかけになった恩師はその後、地元の市議会議員になるなど、さまざまなチャレンジを続けています。よく「何もしないのが一番のリスクだ」と言われますが、本当にそのとおりだと思います。恩師のチャレンジする姿を間近に見て、私は非常に勇気づけられています。

　私が医学部に入学できたのは、半分は親の敷いたレールに乗ったおかげです。そう考えると、医学部入学以降の努力が本当の意味での自分だけの努力になります。チャレンジし続ける恩師の存在、商売人としてずっと美容室を続けてきた母親の存在があるからこそ、いまの私があると思っています。

　開業して7年が経ちますが、尊敬する人生の先輩や恩師などから学び、努力し続けることが大事だと改めて強く感じています。

PART 5

医療法人社団
貞栄会が目指す
地域医療の将来像

地域からの要請で首都圏に分院展開

　医療法人社団貞栄会は 2019 年 10 月に東京都港区、11 月に千葉県千葉市、2022 年 1 月に愛知県名古屋市に分院を開設しました。2023 年中には静岡県焼津市でも開設する予定です。

　首都圏に進出した背景には、静岡での在宅医療の取り組み、実績が評価され、介護施設からお声がけをいただくことが増えてきたことがあります。その地域で私たちの在宅医療が求められているのであれば、今後も積極的に分院展開していきたいと考えています。

　ただ、ある程度の都市部で人口が多い地域でないと在宅医療専門クリニックの経営は成り立ちません。法定人口 50 万人以上の政令指定都市が 1 つの目安になります。また、採算の問題があり、介護施設と組むことが基本スタイルになります。居宅の患者さんを獲得するのは時間がかかりますから、まずは経営を安定させることが優先で、徐々に地域に浸透していきながら居宅も増やしていくという流れになります。

　東京も千葉も在宅医療の激戦区です。したがって、患者さんの獲得は容易ではないと覚悟しています。ただ、私たちは静岡でのビジネスモデルが首都圏でも通用すると自信を持っています。しかも東京、千葉は患者数が非常に多いですから、静岡で取り組んできた在宅医療と同じように、私たちの理念に基づく医療サービスをきちんと提供すれば、勝機は十分にあると考えています。

都市部を中心に在宅医療の受け皿が不足

　分院展開の狙いとして、もう１つ何よりも大きいのが在宅医療の普及です。超高齢社会の進展で、在宅医療のニーズが急速に増えています。たとえば、静岡市における在宅患者数は現在の約４万人から 2025 年には 50％増の約６万人になると予想されています。増加する２万人分の受け皿が必要となりますが、在宅医療を提供するクリニックは大幅に不足しています。

　また、介護施設の数も大幅な増加は見込めないため、居宅の患者さんが増えることになります。そうすると単純計算で、在宅医療を行う開業医が現状の 1.5 倍に増えなければなりません。しかし、在宅医が多少増えたとしても、1.5 倍は到底不可能です。

　仮に２万人のうちの 5,000 人は新たに在宅医療をはじめる開業医が受けたとしても、残り１万 5,000 人は行き場がなく、結局、病院が引き受けざるを得なくなります。私たち在宅医療専門クリニックにも多くの要請がくることが予想されますが、私たちは 1.5 倍ではなく、1.7 〜２倍の患者さんを診ることになる可能性があります。

　これは静岡市に限った話ではなく、全国的な現象です。特に都市部では在宅医療の不足が深刻化しています。そう考えると、私たちは静岡の本院を強化するとともに、他の都市部で分院を展開する意義があると考えています。

　静岡県内に関しては、まずは隣接市に分院展開することを検討しています。2023 年中に開設予定の焼津市のほか、藤枝市が候補地です。先に焼津市に出せば、藤枝市の一部もカバーできます。

安易な考え方の施設とはパートナーになれない

　私たちの取り組みが評価され、いろいろな介護施設からお声がけいただくことが増えているのは大変ありがたく光栄なことです。私たちがかかわってきた介護施設は、看取りを含めた手厚い医療サービスを行うことで、いずれも入居率がアップしています。それはとても喜ばしいことです。

　一方、困ったことも起きています。勘違いされる介護施設の経営者がいらっしゃるのです。私たちが施設に入ることで、入居率が上がり、介護報酬の加算がつくので売り上げが自動的に増えると考える経営者の方がいます。そうした安易な考えを持つ施設は、お声がけいただいても、残念ながらお断りするようにしています。

　私たちは最善を尽くして在宅医療を提供しています。施設側にも努力していただかなければ、質の高い医療・介護サービスは提供できません。たとえば、看取りが近づいている場合、私たちは1日1回、10〜20分程度は施設に伺います。残りの23時間以上は施設のスタッフがみることになりますが、そのとき、施設のスタッフがどのような姿勢でその患者さんをケアするのかが問われます。なかにはクリニックの医師や看護師が毎日来ているから、すべて任せておけばよいという考えの施設もあります。そういう姿勢では入居者の方が不幸です。

　私たちと組むということは、私たちと同じ姿勢でケアに取り組んでもらうということです。従来はそこまで細やかなケアをしていなかったとしても、私たちが入る以上は手厚いケアをしてもらわなければ困ります。私たちが終末期に頻繁に訪問するので、「先生が来

る回数が多すぎて面倒くさい」と陰口を言われることもありますが、入居者のために同じ目標に向かってやり遂げる気持ちがない施設とは組むことができません。私たちと共同で、入居者の方々によりよい医療・介護サービスを提供していくという考えを持っていただくことが大切になります。

在宅医に求められる資質・心構え

在宅医療を普及させていくためには、言うまでもなく在宅医療に取り組む医師をもっと増やしていくことが不可欠です。とはいえ、在宅医療には向き不向きがあると思います。極端な言い方をすると、患者さんやその家族に寄り添うことさえできれば、在宅医に十分向いていると言えます。そういう先生は資質があるので、経験を積んでいくなかで優れた在宅医になると思います。

たとえば、病院では評価の低かった先生が在宅医療に向いているというケースはよくあります。病院では患者さんの話をきちんと聞ける、丁寧に対応できる医師は評価されにくく、スピードのある医師のほうが評価される傾向があります。超多忙ななかでも外来をやって、病棟もやって、論文も書く医師が優秀とされ、患者さんの思いが聞けたかどうかはまったく関係ありません。飲み会などにも参加して後輩の面倒を見るなどすると、さらに評価は高まります。

在宅医療では逆の要素が求められます。病院では経験できない分野ですから、1度挑戦してみて、興味がわいたとか、自分に向いていると思えば第一関門はクリアです。

私は田舎育ちなので、近所のおじいちゃんやおばあちゃんの家に

遊びに行くことが当たり前でした。一方、他人の家に上がることに抵抗を感じる人もいるでしょう。在宅では高齢者と近い距離で耳元に顔を寄せて話をしますから、高齢者が苦手な人はなかなか厳しいと思います。

　医師は基本的に人とかかわりたいと思っているはずです。人とかかわるのは楽しいことです。在宅医療は一般内科の外来などとは違って疾患や症状がさまざまで、かぜの患者さんを１日に100人診るのに比べて、飽きることがありません。患者さんや家族からの反応もダイレクトに感じることができ、医師としてのやりがいや充実度は非常に高いと言えるでしょう。

病気だけでなく心にも向き合う

　在宅医に大切なことは、患者さんの目線になれるかどうかです。私自身も完全にできているわけではないですが、患者さんの想いに寄り添い、共感して言葉をかけてあげられるかどうかが問われます。

　研修医の頃を思い出すとわかるのですが、研修医は知識も経験も乏しいので、いろいろな場面で思い悩みます。上司に指摘されたことも、答えがわからず悶々と考えてしまいます。しかし、時間とともに知識と経験が増えて専門性が高くなると、答えはだいたいわかるようになります。

　一方、在宅医療はそういう状態になかなかなりません。それは決まった答えがないからです。そのため、「一緒に考えましょう」と、患者さんや家族と一緒に悩んだり、考えてあげたりすることが大事になります。

　ただ、それができる医師が少ないのが実状です。私たちが勉強し
てきた医学モデルとは違う要素を求められるので、最初はできなく
て当たり前ですが、できそうだと思える先生に私たちの在宅チーム
や分院展開のメンバーに入ってもらいたいと願っています。できる
ように努力していける先生が在宅医療に向いていると思います。

　私たちは「動く総合病院」を謳い、いろいろな診療科の先生と一
緒に在宅医療を提供しています。これは在宅医療をまったく知らな
かった先生に、在宅医療の魅力に少しでも触れてもらえる機会にな
ると考えています。実際に在宅医療を経験すると、「なるほど、在
宅医療とはこういうものなのか」と理解できます。

　普段は民間病院や大学病院などで勤務している専門医が在宅医療
にかかわると、考え方が変わることがあります。たとえば、大学病
院では１から10までの検査項目をすべて行いますが、在宅医療で
は３までしかできないことがあります。３までしかできない状況で、
どのように患者さんのリスクを軽減して適切な医療を提供していく
かが問われます。乏しい医療資源のなかでもなんとかできた、患者
さんに喜ばれた、リスクが軽減できたという経験を重ねていくこと
で、診療や考え方の幅が広がっていきます。

　当院ではアルバイトの先生に数多く来ていただいていますが、在
宅医療に触れる機会を増やし、在宅医療を知ってもらうという狙い
があります。私自身、研修医時代から在宅医療のアルバイトですご
く勉強させてもらいました。その経験は、仮に在宅医にならなくて
も医師としての人生に大きな影響を与えてくれるはずです。

仲間の独立開業を全力でバックアップ

アルバイトで在宅医療を経験し、または当院の理念に共感して私たちのチームに入ってくれた先生には、さまざまな支援をします。たとえば、何年間か働いて独立したいということであれば、積極的にバックアップします。これまで多くの貢献をしてくれたわけですから、開業時には当院のノウハウを提供します。それは私たちのグループに加わらない場合でも同様です。

よく同じ地域での開業を不可とする先生もいますが、私は同じ地域での開業でも構わないと思っています。力を合わせて地域の在宅医療を支えていけばよいのです。患者さんを奪われる心配など無用です。

私は将来的に、在宅医の新しいコミュニティーをつくりたいと考えています。私と同じ時期に開業して、同程度の規模になっている在宅医療の先生たちとの全国規模のネットワークです。年齢的には40代以下が1つの目安となりますが、比較的若い世代の仲間たちが全国にたくさんいると力強いですし、協力しやすいと思います。

在宅医療を通じた社会貢献

私は在宅医療を通じて、社会貢献にもしっかり取り組んでいきたいと考えています。たとえば、在宅医療の夜間部門は救急車とよく比較されますが、救急車の出動件数を減らしたいと思っています。私たちの夜間の出動はコール総数の約78％とかなり高い数字を維

持しています。

　救急車は呼ばれてから何分で到着するかの戦いになります。私たちはオンコールを受けてからある程度の時間がかかりますから、速さでは敵いません。しかし、救急車の場合は、病院に患者さんを搬送してから医療行為が始まります。それに対して在宅医療は自宅に着けば、そこが診察開始時間になります。その場で診断して、肺炎ならば抗生物質を打つなどスピーディーな処置ができます。

　最近はドクターヘリとも比較して考えています。ドクターヘリも救急現場に医師が行ってトリアージを行います。「この人は病院へ行きなさい」「ここで治療しましょう」といった判断をして患者さんを振り分けます。

　在宅医療もそれに少し似ている面があります。患者さんが何十人もいるわけではありませんが、患者さんの自宅に着いたときに、患者さんの思いを大切にしながら適切な処置を施します。肺炎でも家で治したい患者さんには、可能な限り家で治療するようにします。そうした患者さんや家族の思いまで含めたトリアージができれば、救急車の出動件数は減っていきます。

　実際、私たちは約700人の在宅患者に対して、年間約3万6,000回の訪問をしていますが、そのうち救急搬送は50回程度にすぎません。訪問回数のわずか0.14％です。通常、患者数700人の集団だと、救急搬送の割合は11％くらいだとされています。そのなかには比較的元気な人も含まれていますが、私たちの患者さんは平均要介護度3です。症状の重い患者さんであっても、適切な対応ができれば、地域の医療資源をムダにしないように貢献できます。

　不要な救急搬送を減らすことができれば、勤務医の負担が軽減します。また、入院してもすぐに返してもらうので入院期間も短くて

済みます。病院や地域の住民に対して在宅医療の啓蒙活動を続けていけば、地域医療が抱える課題は少しずつ変わっていくと信じています。

新たな在宅医療のモデルを創出する

　開業からの7年間を振り返ると、私たちは在宅医療の先行世代に比べて、かなり楽をさせていただいたと感じています。先輩方の築いた道をたどって行けばよかったからです。

　私たちはおそらく在宅医療の第3世代にあたると思いますが、第2世代の佐々木淳先生たち諸先輩方は新しい在宅医療のモデル創出に大変なご苦労をされたと思います。本当に尊敬しますし、頭が下がります。今度は私たちが新たなモデルを構築し、次の世代につなぐ責任があると思っています。果敢にチャレンジしていかなければなりません。

　東京と千葉に分院を出したのも1つのチャレンジです。その他、企業とコラボレーションして、ウェアラブルデバイスと連携するモニタリングシステムを開発する計画も進めています。

　私は、将来的に在宅医療はオンライン診療ありきになると見ています。ICTは50代以上の先輩方よりも私たち30代のほうがうまく活用できます。そして、今後はより下の世代が台頭してくるでしょう。世代的な特徴を活かした在宅医療が生まれて、在宅医療の可能性がより大きく広がることが期待されます。

静岡市でナンバーワンを目指す

　私たちは静岡市でナンバーワンの在宅医療専門クリニックになりたいと考えています。一番とは何かというと、1つは患者数です。営利主義のように思われるかもしれませんが、患者数が多いということは、それだけ私たちの医療が信頼され、多くの紹介を受けた証だと言えます。当面は現在の2倍にあたる1,400人を目指す方針です。看取りの実績、夜間出動回数、救急搬送の割合なども同じです。静岡市でトップの数字を維持していきたいと考えています。

　私は、患者さん本人が主体的に在宅医療を選べる社会になってほしいと願っています。終末期の選択は事実上、医療機関側に委ねられており、入院が必要となった段階で何かあったら在宅医療を選びたいと言える患者さんは少ないのが現状です。在宅医療が一般の人の選択肢の1つになれば、入院して「鼻に管を入れたら抜けませんよ」と言われるのではなく、「管を入れる前に帰らせてください」と言う人がきっと出てきます。

　誰もが自分の意思で在宅医療を選択できるようになることが、私たち法人の夢です。その実現に少しでも近づけるように邁進していきたいと考えています。

PART 6
特別対談

先駆者と語る！
在宅医療が目指すべき未来

●収録日 ｜ 佐々木淳：2020 年 8 月 14 日
江頭　大：2021 年 3 月 12 日
山下和洋：2020 年 6 月 19 日
長尾和宏：2021 年 8 月 20 日

佐々木淳

医療法人社団悠翔会理事長・診療部長

志あるクリニックとともに
在宅医療のアライアンスを
形成したい

人は病気が治らなくても 幸せに生きられる

内田 佐々木先生は在宅医療の新しい形を創出された、この道の大先輩です。私自身も分院展開をするようになって、先生の存在をより大きく感じるようになりました。今日は非常に緊張しています（笑）。まずは先生が在宅医療に取り組むようになられた経緯からお聞かせいただけますか。

佐々木 いえいえ、そんな大した者ではありません（笑）。むしろ内田先生がすごくいいなと思うのは、とても謙虚なところです。内田先生とは2018年に僕が講演したあるセミナーでお会いしたのが最初ですが、経営ができているのに、普通はお金を払ってわざわざ東京まで勉強に来ないですよ。世の中にはまじめな人がいるんだなと思いました。保険診療で経営を安定させることがそれほど難しくないなかで、きちんと経営を学んでやっていこうという姿勢はすばらしいと思います。

僕の経歴を話しますと、大学卒業後に三井記念病院に入り、約5年半勤めました。その間に思ったのは、あまり人の役に立っている気がしないということです。最初の3〜4年は新しい医療技術をどんどん覚えていくので楽しかったです。消化器内科が専門なので、超音波が自分で診られるようになり、内視鏡も上も下も膵臓も診られ、腹部の血管造影やCTの読影もやり、最終的に肝腫瘍の超音波治療（局所治療）で、針で刺してラジオ波で焼くという治療をやっていました。技術を覚えて患者さんを治療して、最初はすごいなと思っていたけれど、よくよく考えると、すごいのは自分ではなくて内視鏡じゃないかと気づくわけです（笑）。内視鏡は自分がやらなくても誰かがやります。肝腫瘍もガイドラインに従って治療するだけです。

加えて、内科の患者さんは外科と違って基本的に治らない人が多い。自分のやっている肝細胞がんの治療では完全に治っても、1年後に再発し、その後も再発を繰り

返します。最後はカテーテルで抗
がん剤を流されて、肝不全になっ
て病院で亡くなります。こんな治
療をしていて患者さんは本当に幸
せなのかという疑問があり、患者
さんの幸せに貢献できている実感
がありませんでした。

　一方で、三井記念病院で働き始
めた最初の頃は、若い人たちの受
診機会を奪っているという矛盾を
感じていました。僕らは70〜80
歳の早期発見のがんはさっと焼き
切ることができますが、40〜50
歳の進行がんは治せません。若い
患者さんは若いから進行が速いと
いうだけではなく、忙しいから病
院に行けず進行してしまうわけで
す。大きな病院はいつも軽症の外
来患者さんであふれていて、診察
に行くと丸1日がつぶれてしまい
ます。並んで待てるのは高齢者ば
かりです。

　実際、僕が再診外来をしている
と、頭が少し痛いとか、血圧が少
し高いといった患者さんがずらっ
と並んでいます。半日で40人は
診ますが、大病院に来る必要はな
い人ばかりで、「電車に乗ってわ
ざわざ来たのに診察は3分か」と

佐々木淳（ささき・じゅん）

1998年筑波大学医学専門学群卒業。社会福
祉法人三井記念病院内科／消化器内科、東
京大学医学部附属病院消化器内科等を経て、
2006年に最初の在宅療養支援診療所を開
設。2008年 医療法人社団悠翔会に法人化、
理事長就任。2021年より 内閣府・規制改
革推進会議・専門委員。現在、首都圏なら
びに沖縄県（南風原町）、鹿児島県（与論町）、
愛知県（知多半島）に全21クリニックを展
開。約7,500名の在宅患者さんへ24時間
対応の在宅総合診療を行っている。著書に
『これからの医療と介護のカタチ』（日本医
療企画）、『在宅医療 多職種連携ハンドブッ
ク』（法研）、『在宅医療カレッジー地域共生
社会を支える多職種の学び21講』（医学書
院）、『在宅医療のエキスパートが教える 年
をとったら食べなさい』（飛鳥新社）ほか。

怒る患者さんもいます。話を聞い
てほしいのであれば地元にたくさ
んクリニックがあるわけですか
ら、わざわざ来なくていいのにと

思うわけです。三井記念病院という
ブランド病院に来ても、診察してい
るのは３年目の内科研修医です。そ
れをありがたがってみんな並ぶわけ
だけれど、地元にいるベテランの医
者のほうが見立てもいいでしょう。
そういう問題を何とかしなければい
けないという意識がありました。

そこで、なぜ地元のクリニックに
行かないのかというサーベイ調査を
したんです。すると地元のクリニッ
クにはどんな医者がいるのかがわか
らず、わからないからブランドに
頼って大病院に来ることが明らかに
なったのです。それならば各クリ
ニックにどんな医者がいるのかがわ
かれば、そっちに行くのではないか
と考えました。高齢者を地元のクリ
ニックに誘導しようという試みで
す。僕が医者になった1998年頃は、
自院のホームページを持っているク
リニックは10％未満だったので、
ホームページをつくったらいいだろ
うということで、研修医のときに
ホームページをホスティングする小
さな会社を立ち上げました。同時に、
個別にホームページをつくっても患
者さんはたどり着けないから、ポー
タルサイトもつくりました。ポータ

ルサイトに人を集めるために、病院
の正しい受診の仕方とか、病気や検
査のことなどコンテンツを用意し
て、ディレクトリをつくって、クリ
ニックのリンク集を貼りました。ち
なみに、その会社はのちに売却しま
した。

そんなことをするなかで、東京大
学大学院の博士課程に進みました。
当時の上司に学位があったほうが
キャリアに有利だとアドバイスされ
たからで、学位取得後に三井記念病
院に戻る予定でした。しかし、勉強
するうちに個々の患者さんを幸せに
できないのであれば、病院に戻って
も同じことだと考えるようになり、そ
れならば社会の仕組みづくりで貢献
できるのではないかと思い、マッキ
ンゼー・アンド・カンパニーの採用
試験を受け、採用されました。それ
が大学院３年のときで、ちょうどそ
の頃、お金を稼ぐためにクリニック
で訪問診療のアルバイトを始めたん
です。在宅医療にはまったく興味が
なかったのですが、週２日働き始め
たら、衝撃でした。

内田 どんな衝撃を受けられたんで
すか。

佐々木 僕は治すことでしか患者さ

んを幸せにできないと思っていて、治すことができる医療システムをつくらなければいけないと思っていたのですが、考えてみたら人間はみな年を取るし、年を取れば病気になるし、年を取らなくてもがんになって亡くなる人をたくさん見てきたし、人生の最期は死ぬという運命は変えられません。それなのにわれわれは死ぬまでの期間を先に延ばすために、ずっと努力してきたわけです。そして、力尽きて、患者さんは不幸せになるし、われわれも喪失感がある。そんな状況だったけれど、在宅医療の患者さんは基本的にみな治らないし、治らないなかで沈み込んでいる人もいるけれど、楽しみや生きがいを持って残された時間をポジティブに生きている人たちもいます。そういう印象的な患者さんと何人か出会うなかで、人は病気が治らなくても幸せに生きられるんだと知りました。

僕はブラックジャックが好きで医者になったのですが、ブラックジャックもすべての病気を治せるわけではないけれど、最後に必ず救いがあって、結局、われわれが提供しなければいけないのは救いなんだと気づいたんです。僕が病院でやっていたのは、「治らないから、ごめんなさい」という、「治らない＝不幸だ」という意識の刷り込みでした。たぶん、いまも病院では同じようにやっています。

そうではなくて、病気とともに生きるという新しい生き方を一緒に考えることが大切です。治らない病気という事実は変えられないけれど、残された時間の過ごし方や、病気とともに生きる意味とか、その部分は変えられます。だから、変えられないことで失望するのではなく、変えられることを見つけてポジティブに変えていくことが在宅医療の本質だと僕は考えています。

こんな医療があるのなら、マッキンゼーに行かなくてもいいし、学位を取る必要もないかなと思って、2006年に4年目で大学院を辞めて、3か月後に診療所をつくって個人開業しました。

最期を迎える場所を
自分で選択できる社会へ

内田 僕の場合は、もともと開業しようという意思がありました。研修医時代からアルバイトで在宅医療にかかわるようになり、やりがいを感じるようになって、在宅医療専門で開業することにしました。在宅医療は地域に足跡を残せるというか、地域貢献ができるのが大きな魅力だと思っています。たとえば、うちが診ている静岡市駿河区の在宅看取り率は30％くらいです。静岡市全体の平均は13％ほどで、田舎だから高い数値をキープできる面もありますが、地域に貢献できているのかなと感じています。

　そして、いまの在宅医療のあり方を変えたいという夢があります。病院から在宅に来る患者さんはたくさんいますが、自分で選ぶ人は少なく、大半は病院から在宅医療を勧められて選択します。施設も同様で、最期を迎える場所を自分で決められていないという現実があり、それを変えたいと強く思っています。そこでクリニック

の近くにある大型商業施設や町内会などで勉強会を開くなどして、啓蒙活動に力を入れています。最期は家にいたいという選択肢を地域の人たちが持ってくれて、自分で最期の場所を選べるように、少しでも効果が出るとうれしいなと思っています。

佐々木 内田先生は展開が早いですよね。いま何期目ですか。

内田 2022年に8期目を迎えました。

佐々木 東京と千葉に進出するなど、エリアドミナントにしないところがチャレンジングですよね。エリアドミナントは地盤と看板が引き継げるから楽なんですよ。隣町から来ましたというとすんなりいきやすい。

内田 静岡市はそれが難しい地域なんです。同じ市内にある清水区には清水区の医師会があり、そこに出そうとするといろいろあって……。清水区も診療圏に入っているので普通に訪問はしていますが、山を超えて富士市に行くにし

ても、富士市は知っている先生がいるのでやりにくいなと。隣の焼津市は本当に困っているみたいで、紹介の患者さんが増えています。焼津市の半分くらいは行っているので、2023 年中に分院を出す予定です。

佐々木 当法人は現在、首都圏ならびに沖縄県、鹿児島県、愛知県に 21 拠点あります。ここ数年のトレンドとしては、僕がイニシアチブをとって僕を中心に回る組織ではなく、法人が大切にする価値観を中心に回る組織に少しずつシフトしてきています。診療所も地域のニーズに応じてみんながやろ

うということで、増えています。

　僕たちには首都圏ならびに離島や過疎地を安心して暮らし続けられる地域にするという大きなビジョンがあります。そのビジョンの実現に沿っていれば、いいんじゃないかなと。美容外科を出すことはないですが、そのエリアで在宅クリニックが足りない、在宅の精神科が足りない、特定の病気に対応できていないといったニーズが明らかならば、それを埋めていくことはやるべきだと思っています。

内田 お話をうかがっていて、すごいという印象ばかりです。僕は

大学の先輩などからは「野心がある」と言われますが、個人的にはそれはいいことだと解釈してい

て、佐々木先生のような目標となる人がいてとても心強いです。

医師会との関係、主治医との役割分担

佐々木 先ほど医師会の話が少し出ましたが、医師会との関係は僕も苦労しました。

ただ、クリニックが４つ、５つになったくらいから、対話が生まれて、僕たちとしてはみなさんの患者さんを奪いたいわけではなくて、みなさんが診れなくて困っている人たちを診ているだけで、そこに利害の対立はないということを話すと、お互いに理解し合えて、そこからは「ぜひ、入ってほしい」と言っていただける医師会が増えました。

医師会に入会すると感謝されますし、それなりの立場や役割も与えていただけます。いま 21 ある拠点のうち 18 は医師会に入っています。

最初の頃は僕たちも未熟で、勢いで先につくって、あとで医師会へのあいさつを忘れていたことに気づくようなことがありました。

それはやはり不作法で、最近は前もってきちんとあいさつに行くという手順を踏んでいます。

内田 僕も最初は医師会といろいろありました。静岡に縁もゆかりもないので、いろんなことを言われました。多かったのは、誰か別の経営者がいて、雇われ院長で来たんだよねと。ちょうどその時期に静岡にそういう院長が２～３人いたんです。それでもめ事を起こしたりしていたので、警戒されていました。医師会に入会したのは開業２年目です。いまは会議にも出ていろいろな活動をしています。

あとから聞いた話ですが、僕が入会したのは横倉会長のときで、偶然、会長の同級生のお母さんをうちで診ていたことがあり、よくやっているという評判が伝わっていたそうです。その家族が会長に言ってくれていたようです。

医師会の忘年会などでも、一部

の先生方から「あの若造はなんだ」と言われることがありましたが、その頃、私は静岡済生会総合病院のリウマチ外来でアルバイトをしていて、リウマチ科の部長が、「彼はきちんとやっている」と言ってくださいました。周囲で味方が少しずつ増え、徐々に流れが変わっていった気がします。

佐々木 周りがけっこう助けてくれるんですよね。孤軍奮闘だとやはり続かないけれど、ちゃんとやっていると誰かが見てくれていて、助けてくれる。僕もいろんなところでたくさんの人に助けてもらいながら、いまがあります。「助けたいな」と思われる存在でいることはすごく大事だと思いますね。

内田 おっしゃるとおりです。先日も静岡県の地域医療構想調整会議に呼ばれて話をする機会があったのですが、会議のあとに各病院の院長さんが「大丈夫だから」「わかっているから」と言ってくださって、個別にデータをいただけて、とてもうれしかったですね。

佐々木 あとは医師会に入って初めて知ったこともあります。意外と、面倒くさいと思ってしまうような仕事をたくさんやっているんですよね。地域にかかわっている先生たちは目先の利益ではなくて、地域の利益のために仕事をしています。そういう先生方からすると、僕の若い頃の診療は否定的に映っていたのだと思います。たぶん、医師会からはみんなで一生懸命に地域を耕して、苗を育てて花が咲いて実が成るというときに、僕たちが急にやって来て、実だけを採っているように見えていたんだろうなと思います。

内田 なるほど、それはあるかもしれませんね。

佐々木 そもそも在宅医療は医者が家に行くだけでは成り立たず、地域のケアマネジャーや訪問看護師、行政のサポートがあって初めて成立するわけです。連携の枠組みが必要で、自分のところのケアマネジャーと患者さんを囲い込んで、そこだけを診ていくのではなく、本当に困っている人たちを診なければいけません。そういう地域のネットワークの一員に自分たちも加わることで、畑を耕すことにもなると思っています。その入り口として医師会は大きな存在で

127

す。ただ、医師会と地域のかかわりはさまざまであり、医師会に入らなくても畑を耕せる地域があるのも確かで、地域性を見極めながらやっていこうと思っています。

もう1つは、患者さんの立場からすると、長年その患者さんを診てきたかかりつけの先生が最期まで診てあげたほうが幸せに感じる場合もあります。そういう患者さんは、夜間だけうちがコールを取るという方法もあります。

そういうことが医師会とのかかわりのなかで見えてきて、地域に主治医がいるのであれば、基本は主治医が診て、主治医がいない場合、主治医がいたとしても休日や夜間など物理的に対応できない時間帯などに僕たちが診るといった役割分担をしています。そのほうがお互いに気持ちよく仕事ができるし、患者さんからしてもファーストチョイスはかかりつけ医で、セカンドチョイスは在宅専門医という関係がわかりやすいのではないかと思います。

法人の利益は人材育成や地域に再投資すべき

佐々木 内田先生のポジションは僕たちのクリニックとけっこう近いと思います。パワーがあるし、組織力もある。

内田 いえいえ、まだまだ組織力が弱くて本当に困っています。ただうれしいことに、何か問題が起きたときに集まってくれるスタッフは増えました。

佐々木 それは大事な財産だと思いますよ。よく経営資源で「ヒト・モノ・カネ・情報」と言うけれど、在宅医療は「ヒト・ヒト・ヒト・ヒト」で、スタッフが辞めたら、明日からやっていけません。チームを育てていくこと、ヒトを大切にして一緒に育っていくことが大事です。

うちは法人全体で約240人のスタッフがいます。それなりの組織規模なので近代的なマネジメントをやっていかなければいけない。人事評価も全員のことを知らないから、仕組みをつくって、仕

事のできる人は相応の評価をしなければいけないし、逆に仕事ができない人は辞めてもらうのではなく、仲間になった以上、活躍できる場所を探してあげなければいけない。職場は人生の大部分を過ごす場所なので、そこで働くことが楽しくて、成長ができて、人生の成功につながっていく場であるべきだと思っています。

内田 僕も開業から5年経って分院を出した頃くらいから、意識が変わってきました。開業当初は正直、自分の儲けもある程度はほしいなという気持ちがありました。ただ、患者さんのなかにはいろんな人がいて、たとえば、お金持ちでも、最期に一人きりだと寂しいなと感じることもあります。うちは子どもが2人いて、だんだん大きくなるにつれて、家族の大切さを感じるようになってきました。そして、子どもの教育をしていると、職員のことも考えるようになり、職員も教育して、達成感ややりがいを感じてほしいとか、職員に対する思い入れが変わってきました。

佐々木 よい理事長ですね（笑）。

僕は開業前に会社を売ってお金を儲ける経験はしていたので、お金儲けの気持ちはありませんでした。ただ、起業するということはリスクを取ることだし、リスクを取る以上、対価はもらうべきだという認識はありました。

先生も経験があるかもしれないですが、個人開業してから法人化するまでは、びっくりするくらいお金が手元に残ります。医療法人にすると、理事長は役員賞与ですが、個人開業の場合は給料を払った残りが取り分になり、がんばった分だけ取り分が増えます。だから、その頃は少し勘違いをして東京ミッドタウンに住んでみたり、いろいろな経験をしました（笑）。ただ、すごくむなしい気持ちが残ったんです。

収入はある程度までは増えると喜びがありますが、一定以上を超えるとあまりうれしくないし、そもそも一人暮らしで家族もいないので、お金を使いきれない。それよりも、もっと世の中の役に立つ使い方があるのではないかと思い、法人化して、職員も健保に入れるようにして、福利厚生も充実

129

させていこうと思ったんです。

　もちろん、儲かったお金でフェラーリを買うのもいいですけれど、診療報酬は税金で設定されたものだから、地域に再投資をしなければいけません。それは地域住民の雇用であり、チームを育てること、人材を育てること、そして医療の質を高めて患者さんに対する法人の価値を高めることです。そして、場合によっては在宅医療が不足する地域に診療拠点を出すことだと思います。

在宅医療をどのように普及させていくか

内田　最後にお聞きしたいのですが、在宅医療をもっと普及させていくために、どうすればよいとお考えですか。

佐々木　僕自身は自分が経営者であるとか、株主であることにあまりこだわりがなくて、仕組みをつくりたいと思っています。日本の医療機関は海外に比べると規模が小さすぎて、国内最大の医療法人グループである徳洲会でさえ売上高は7,000億円くらいです。大きくすればいいわけではないですが、小さな組織がたくさんあると、非効率です。人材採用にお金をかけ、システムや材料、運営コスト、事務的なコスト、マネジメントコストまですべてが割高になります。

　悠翔会は、MS法人と医療法人を合わせて10%以上の経常利益をコンスタントに出しています。給与レベルも同業に比べ少し高めだと思います。これは、マネジメントコストが圧縮できているから可能になっています。医療事務も必要最小限、あふれた仕事はお互いに助け合う仕組みにしています。その代わりソーシャルワーカーや診療同行看護師などには大きな投資をして、それでも利益が出せています。その利益で次のクリニックなどに投資をします。

　これは僕らくらいの規模になるとできますが、一定の規模にまで拡大するのはけっこう大変でした。僕たちの頃はまだいい時代だったのだと思います。在宅医療

はこれから先、どんどん厳しくなっていき、単体で成長していくことが難しくなります。

そこで、みんなで共同のプラットフォームをつくって、事業はその上で自由にやって、できるだけ少ない間接コストで手元に残るお金を大きくして、それをスタッフに分配し、未来投資に使ったほうが絶対にスマートだと思います。経営統合ではないけれど、機能の部分統合みたいなものは、絶対に進めていったほうがいいでしょう。診療も経営も独立してやりたいし、運用も独立してやりたい。ただ、共有できるところは共有したほうが効率的です。

たとえば、医療事務を効率化するAIシステムをシステムベンダーにつくらせるのではなく、お金を出し合って共同開発します。電子カルテや請求システムも同様にオートマティックにしていきます。検査会社も衛生材の会社なども集団で交渉すれば、値段を下げられます。品質管理の仕組みもある程度統一して、みんなで切磋琢磨していく。さらに法人の壁を越えて、精神科や緩和ケアなど専門

的なコンサルテーションができる仕組みをつくることもできると思います。

実はそういうプラットフォームを提供する企業は、すでに数社あって、そうした企業ではクリニックの経営もしています。ヘルスケア企業は保険医療制度のなかで、オンライン診療や新しいビジネスの形を開発して企業価値を高めたいと思っていて、医療機関を積極的に買収しています。だから、そのプラットフォームに乗ると吸収されるのではないかという警戒感がクリニック経営者にはあります。

実際、企業と医療機関はうまくいきません。企業は利益を出さなければいけないけれど、医療機関は儲けるためにやっているわけではないからです。お金が余るんだったら株主ではなく、スタッフや患者さんに還元すべきです。設備投資に回してもよいでしょう。企業とはそこの部分の相性が合いません。

その点、志があって体力もある全国のクリニックで大きなアライアンスをつくれたら素晴らしいと思います。みんな独立経営だけど、

131

全体の売上高3兆円、患者数6万人くらいになれば、国への政策提言もできるし、法律を変えていくパワーになるでしょう。

内田 それはすごい構想ですね。僕の10歳くらい下の後輩でも、開業は不安だからしたくないという人が増えています。アライアンスに入ってプラットフォームを利用できるのであれば、初期投資は少なくて済みますね。

佐々木 プラットフォームさえあれば、鞄ひとつで参加してすぐに診療ができます。体力のない間は

みんなでサポートするし、体力がついてきたら自分でやればいいわけです。

ただ、難しいのは、医者はアライアンスを組むのがすごく苦手です。流通や薬局など他業界ではボランタリーチェーンでグループを形成し、共同購入をするなど有利な条件でビジネスをしています。医療界はみんなが独立しているか

ら、システムベンダーなどが個別に入り込んできます。

内田 それはありますね。医者はそういう教育を受けていないせいかもしれません。在宅医療は佐々木先生のように先輩方に尋ねるといろいろ教えてもらえます。見学なども普通に受け入れてくれますし、経営のノウハウも教えてもらえます。普通の開業医の先生は絶対に教えてくれないと思うので、在宅医療は特殊と言えます。

佐々木 在宅医療は僕らの間ではメジャーですが、地域住民の多くは知りません。まずはプレーヤーを増やして、地域全体に浸透させなければいけないと思っています。そのためには、きちんとした在宅医療に取り組む医者を増やしていく必要があります。だから、内田先生が東京や千葉に分院を出してもウェルカムで、ライバルになってもいいくらいです。

ただ、よくわからないところがお金を出して、医者を雇って、昼間だけ診て、夜は電話にも出ないというようなことになると、在宅医療がおかしなものだと思われてしまいます。医師会からの在宅専門クリニックの評価も下がります。よいクリニックをどんどん育てていくことが重要で、そのために僕がお役に立てることがあれば協力します。

内田 それはとても心強いです。本日はありがとうございました。

江頭 大

株式会社日本アメニティライフ協会
取締役事業本部長

医療と介護の境界線を越えた
シームレスな連携を目指して

医療と介護が互いに
理解を深めるためには何が必要か

内田 日本アメニティライフ協会さんは、グループホームを中心に有料老人ホームやデイサービスなど多くの介護施設を運営されています。御社のこれまでの歩みを簡単に教えていただけますか。

江頭 当社は1996年に、私の父である江頭瑞穂社長が神奈川県横浜市に認知症の方のためのグループホームを開設したのが始まりです。父はもともと横浜国際福祉専門学校（現・星槎大学適応自立支援コース）の立ち上げにかかわり、そこでスウェーデンのグループホームの仕組みを知りました。日本でも同じような施設をつくりたいと考え、2000年の介護保険制度施行と同時にグループホームを拡大していきました。

一方、経済的な問題などで入居できない人がいるため、より低価格で利用しやすい住宅型有料老人ホームをつくるなど施設の拡充を図りながら事業展開をしてきました。2022年7月1日現在、グループホーム99事業所、住宅型有料老人ホーム43事業所、デイサービス42事業所など313の事業所を運営しています。グループホームだけを見ると、全国でトップ5に入る規模です。グループ全体の従業員数は約6,000人、売上高は約212億円で、神奈川県と東京都に特化・集中して事業展開をしていることが特徴と言えます。

内田 私は栃木県出身ですが、2015年に静岡市で開業しました。そこで最初にかかわったのがグループホームを中心に事業をしている会社でした。御社にも何かご縁のようなものを感じます。

江頭 その頃のグループホームはどんな様子だったのですか。

内田 当時、グループホームにおいて医療提供は非常に難しい状況で、看取りはまったくできませんでした。というのも点滴が始まるような状態になると、現場からすぐに入院させてほしいと言われるからです。それではよくないという施設の社長のお考えで、私たち

が在宅医療を提供するようになったのですが、現場の反発はすごかったですね。

反発の理由は、医療と介護をきちんと分けて区切りたいというものでした。私が最も印象に残っているのは、終末期の入居者さんに対して私たちが医療を提供しようとすると、「ここは生活の場所なので、医療行為が介入すると生活の場ではなくなるから出て行ってほしい」と言われたことです。他にも患者さんに点滴をしても清拭はしないし、洋服も着替えさせない、おむつも替えないなど、自分たちはノータッチという感じでした。要は点滴が入っているから怖いということです。普通に医療ができるようになるまで3年もかかりました。そうしたなかで理解のある施設長さんたちと一緒に少しずつ取り組み、いまでは当たり前に看取りができるようになりました。当時の経験は大きな自信になっています。

江頭 私は学生の頃に当社でアルバイトをしていたのですが、当時は介護保険制度がちょうど始まったころでした。胃ろうの処置や介護職員がやってはいけないとされていた医療行為の境界線がかなりあいまいでした。施設が増え、法律が整備されると基準も厳しくなり、そのなかで医療と介護が明確に分かれていきました。それにより関係が離れすぎて、いま再び近づきつつあるなかで、在宅医療と介護の連携における課題が出てきているように感じます。

内田 確かに介護保険制度は見直しの時期にきているように思います。医療と介護をいかに近づけて連携していくか、悩んでいる印象があります。

施設は最後の砦、在宅介護が困難な方たちの受け皿になりたい

内田 在宅医療ではよく施設と居宅のどちらがよいのかということが話題になります。どのようにお考えですか。

137

江頭 大 （えがしら・だい）

1985年横浜市生まれ。2008年法政大学現代福祉学部卒、大学時代に法人設立し、理事長に就任。卒業後は現在の株式会社日本アメニティライフ協会に入社。2022年7月より同社にて取締役副社長兼事業本部長。2015年から社会福祉法人三つ葉会理事、医療法人社団飛峯会理事、2018年から社会福祉法人大富福祉会理事として経営に参画（全て現任）。2014年法政大学大学院イノベーション・マネジメント研究科（経営管理修士MBA）修了、2019年早稲田大学大学院会計研究科修了（会計修士MBA）。

江頭 在宅医療で最終的にご家族が困るのは夜間の対応です。たとえば、自宅で親の介護をするようになると、それまでの生活スタイルが変わり、夜間は特に介護者の負担が大きくなります。医療と介護がきっちりケアすることが理想だと思いますが、なかなか難しいのが現状です。その点で、夜間をみる最たるものが施設だと考えていて、私たちは施設に特化して事業を行っています。自宅からデイサービスに通っていたとしても、何らかの事情で最終的には施設に行かざるを得ないケースは珍しくありません。そのため、私たちは神奈川と東京において、その受け皿となれるように最後の砦としての役割を担おうと考えています。

内田 居宅は長期戦になると家族の介護力がどれだけあるかが問われます。介護サービスを最大限に使ってヘルパーさんに頻繁に来てもらうなどすれば、何とかなることもありますが、長期戦になると家族がもたないケースが少なくありません。親の介護を心の底から拒否する家族は少ないと思いますが、自分たちの生活を犠牲にするにも限界があります。そのため、施設である程度みてもらって、ときどき面会に行くというパターン

は、施設の役割としてとても大きいと思います。

江頭 居宅での介護は、介護者が家族に対して笑顔で接することができるかどうかが大事なポイントだと私は思っています。ただ、それは容易ではなく、忙しかったり疲れていたりすると、イライラしてきつくあたることもあります。施設の場合、ときどき来るのか、毎日来るのかは別として、少なくとも面会のときは笑顔で楽しい話をするご家族がほとんどです。

内田 私の祖母が認知症で、いまは母がみています。たまに電話をすると、「ちゃんと〇〇しなさい」と祖母を怒鳴っている母の声が聞こえることがあります。家族の関係はそうそう崩れないけれど、介護が入ると崩れることもあり、実際、親子間での介護は無理という家族もいらっしゃいます。

江頭 介護職員がプロとしてケアするのと、家族がケアするのとではやはり違いがあります。

内田 おっしゃるとおりです。2021年度介護報酬改定では施設における看取り介護加算について、区分の新設や要件の追加があ

りました。御社での看取りの現状はいかがですか。

江頭 施設での看取りは、24時間対応の看護師がいるか否か、施設の成熟度合いなどが関係していて、すべての施設で行うのは難しいと考えています。看取りは施設長の認識がきちんとあり、職員研修を徹底して初めてできます。施設によってどうしても差が出るため、当社でも看取りを行っている施設と行っていない施設があります。

内田 全般的に見た場合、看取りまでできない施設のほうが多い—

方、努力する施設が増えていて、いずれ状況は変わると思います。在宅医との連携で看取りが劇的に進むこともあるし、伸びしろはすごくあります。いまは居宅の看取り率のほうが高いのですが、施設が伸びてきたら、一気に増えるだろうとみています。

真の連携には法人トップ同士の コミュニケーションが必要

[内田] 御社は多くの医療機関と連携されていると思いますが、良好な関係を構築するうえで大事なことはありますか。

[江頭] 医療法人のトップ、経営層とのコミュニケーションを大事にしています。内田先生も施設の社長さんとコミュニケーションをしっかりとられていると思いますが、経営者同士のコミュニケーションがうまくとれていないと、現場で齟齬が生じてしまいます。ドクターにもいろいろな方がいますので、対応があまりにもおかしい場合は経営層と話をしないといけません。

　幸い、いまお付き合いのある医療法人とは良好な関係ができていますが、たとえば、建物のオーナーさんの意向などで特定のクリニックを指定されることがあります。

なかには対応に疑問を感じるクリニックもあって、改善がなければ替えることになります。利用者さんのためになりません。

[内田] 私も法人同士でどう付き合っていくかを徹底的に話し合うようにしています。同時に、法人の社長が私に直接は言いにくいこともあると思うので、診療中に訪問看護師などに話を聞いたりもします。そこでうちのドクターの態度が悪いとか、施設とトラブルが起きたとか、そういう話が出たら、法人同士の会議などで率直に意見交換し、反省するようにしています。そういう場がないと、あのドクターが嫌だとか、あの施設はどうなっているんだとか、現場のモヤモヤが大きくなってしまいます。その結果、口もきかず、夜間に何かあっても電話をしないとい

う事態が生まれかねません。利用者さんに迷惑をかけないようにするためにも、法人同士のコミュニケーションはとても大切です。いまでは一緒に飲み会をするくらい仲がいいところもあります。

江頭 それはすごいですね。当社もクリニックや薬局とは定期的に会食などをしてコミュニケーションをとるようにしています。

内田 クリニックの売上高はせいぜい１〜２億円、従業員も１０〜２０人程度ですが、介護事業者には上場企業もあり、規模が違います。それでも医療・介護の関係は、いまだに医師のほうが上というような勘違いがはびこっていると思います。

江頭 ドクターによりますよね。その点で内田先生の姿勢はすばらしいと思います。

内田 うちのスタッフによく言うのは、われわれ医療は地域包括ケアシステムを支える５つの構成要素（住まい・医療・介護・予防・生活支援）のうちの１つでしかないということです。多職種はそれぞれの分野のプロフェッショナルであり、対等でなければなりませ

ん。病院はピラミッド型の組織で医者がトップになっていますが、在宅医療は暮らしのなかで行うものですから、介護職の人たちが支えている衣食住が整っていなければ成立しません。

江頭 衣食住でいうと、施設は食事と住居を提供しています。そして、医療が必要なときに適切に医療機関につなぐことが私たちの重要な役割です。医療につなぐためには介護職側にも一定の知識が必要で、生活のなかで異変に気づけることが重要です。

内田 日常のいろいろな場面で介護職の方から「この利用者さんは最近少し様子がおかしい」と教えてもらうことがあります。普段見ている人たちのちょっとした気づきに本質が隠れていることがあるので、その情報はとても大切にしています。そこから調べたり、家族に早めに連絡をすることも多く、「介護職の人が言っていることだから気にしなくていい」と軽く受け流しまうと、あとになって後悔することになります。この点についてはうちのスタッフには常に言い聞かせています。

もう1つは、介護職の人たちは夜間の訪問などを医師に頼みにくい状況がありますので、こちらから先に「夜にお伺いしましょうか」と聞くように心がけ、ドクターにもそうするように指導しています。医療者側が医療者ぶって、変に壁をつくっているところがあるので、そこを壊していく努力はこれから先も続けていかなければなりません。

医療と介護のデジタル化はなぜ進まないのか

内田　医療も介護もITやIoTなどデジタル化の積極的な推進が求められています。御社では何か取り組まれていることはありますか。

江頭　ITやIoTの活用はまだまだこれからというのが実状です。当社ではさまざまな企業と共同でITシステムやツールの開発に取り組んでいますが、施設によって規模や体制が異なるため、共通のシステムを導入できずにいます。また、導入コストを誰が負担するのかという問題もあります。利用者さんに負担をかけることはできませんし、介護報酬が削減されていくなかで、プラスαのコストをかけてということになると、その仕組みづくりは容易ではありません。

　一方、ITを活用したバックオフィス業務の効率化は可能だと感じています。介護現場の人員は介護報酬で配置基準が決まっているので、基準が緩和されない限り削減は難しいのですが、食事や清掃、厨房など人員配置基準のない部分では効率化は期待できます。

内田　同感です。医療者にとっては便利なツールであっても、介護職の方たちには使いこなせないということもあります。利用者さんにはコスト負担を求められないなか、システムの利用料を医療法人が出すのか、社会福祉法人が出すのかという問題もあります。

　一方、最近は医療用SNSがかなり普及していますが、利用者が何百人、何千人を超えると通知だけで1日100件も届き、なかに

は看護記録の画像をそのまま張り付けて送ってくる方などもいて、不便さを感じるケースが増えています。SNSは楽ではありますが、四六時中はチェックできません。結局大事なのは、患者さんの異変の情報で、それを見逃さないためには電話連絡が一番だったりします。そこで先ほどの関係性が重要となりますが、医療と介護の信頼関係がなければ、電話もしにくいでしょう。

江頭 実は当社も以前、医療用SNSの開発に協力したことがありましたが、指示などが医師の責任のもとに行われているかどうかが曖昧な部分があって導入しませんでした。一方、当社は介護施設の拠点数が多く、それらは社会的な公器だと思っています。そのため、新たなテクノロジーの開発やテスト導入の場として当社の施設を有効活用していくことは必要だと考えており、積極的に協力するようにしています。

事業拡大には組織体制の整備、法人理念の浸透が必要

内田 最後に今後の事業の展望について教えてください。

江頭 いま介護業界はすごく揺れ動いています。コロナ禍が1つの要因になっていて、業界の再編が進み、廃業する事業者が増えています。そのなかには創業者の介護に対する強い理念のもとにスタートした法人もたくさんあって、介護に対する想いが消えてしまうのは業界としてもったいないと感じています。そこで経営的には厳し

くてもしっかりとした理念を持っている事業者と一緒に組んで、業界全体を盛り上げていくことができたらいいなと思っています。

内田 御社はM&Aも積極的に行われているようですが、介護業界はある程度の規模がある法人に集約されていくのでしょうか。

江頭 そういう流れが加速している感じがします。実際、M&Aの話は多く、金融機関や仲介会社をはじめ事業者から直接というケー

スもあります。コロナで先行きの不透明感が増して、このタイミングでやめようというところもあれば、業績不振や後継者不在など理由もさまざまです。

当社の社長は全国認知症グループホーム協会の役員でもあるので、そこで経営相談なども行っています。横の連携も大事ですので、協力できることがあれば積極的に対応する必要があると考えています。

内田 M＆Aを成功させる秘訣は何かありますか。創業者の理念は立派でも、経営内容があまりに悪いと厳しいと思います。

江頭 当社の場合は法人全部を譲り受けるケースは少なく、ほとんどは事業だけを譲り受けます。障害者のグループホームは別として、高齢者のグループホームや有料老人ホームなどはすでに当社が手がけている事業ですから、どこを改善すれば収益的にプラスになるかといった問題点がすぐにわかります。あとは改善に向けて粛々と取り組むだけです。

内田 なるほどそうですね。人についてはいかがですか。

江頭 職員はそのまま引き継ぎますが、事業を譲り受けるタイミングで辞める方は一定数います。また、それぞれの施設に利用者さんがいるので、職員を異動させることは基本的にありません。他施設からの一時的な応援などはありますが、退職した人の穴はその地域で新規に採用して埋めます。引き継いだ職員には当社の理念や方針を説明し、きちんと理解してもらうようにしています。

内田 当法人も分院を出してから理念の重要性を改めて認識し、どのように浸透させていくかが今後の課題だと思っています。職員が増えて理念が薄まってしまったら意味がありません。

分院を開設した当初は、ドクターやスタッフに辞められたら困るので優しく対応していたのですが、言うべきことはきちんと言わないと目指すべき方向性からずれてしまいます。規模を拡大しながら診療の質を維持することの難しさを痛感しています。

江頭 大事なことですよね。私たちは「照一隅」という理念をベースに介護事業を行っています。神奈川と東京にエリアを絞っている

のも、距離が遠くなると、それだけ見えなくなってしまい、理念が浸透しにくくなるからです。

内田 5,000人もの職員に理念を浸透させるのは容易ではないと思うのですが、どのような取り組みをされているのですか。

江頭 当社では主に2つのことを実践しています。1つはクレドのようなものをつくり、職員研修のときに確認するなどしています。もう1つ大事なのは組織づくりです。社長や私が全職員と同じ密度でコミュニケーションをとることは不可能なので、私が事業本部にある6つの事業部と密にコミュニケーションをとり、その内容を各事業部の部長がエリアマネジャーに伝えるようにしています。そして、エリアマネジャーや施設長の考えや課題、近況などを事業部長が把握して、私に報告してもらいます。組織の情報連携体制をしっかりと構築し、同じレベル感で考え方をすり合わせることが大切です。

内田 すばらしいですね。うちも御社のように組織づくりに注力しないといけないと感じています。

私が診ている患者さんは200～300人で、残り1,000人は私の見えないところで勤務医が診ています。経営者と勤務医では診療に対する温度差、ギャップが間違いなく出るので、そこをどう埋めていくかが課題です。

在宅医療の現場では、教科書では教えてくれないことに直面することもあります。たとえば、「患者さんに寄り添う」といっても、実際にどう寄り添えばいいかは患者さんによって違います。それは経験を積むと感覚的に理解できるようになりますが、私の経験や考え方を勤務医や職員により深く伝えていけたらいいなと思っています。

\対談/
③

山下和洋

株式会社ヤマシタ代表取締役社長

変化の時代に
適応するためには
学習し続ける力が不可欠

福祉用具は
すべての介護サービスの土台である

内田 当法人はヤマシタさんに大変お世話になっており、まずはお礼を申し上げたいと思います。山下社長は3代目でまだお若く、医療・介護業界で長くご活躍されることと思います。そこでぜひ福祉用具サービスをご提供されている側から見た医療・介護の課題などをお聞かせいただければと思っています。まずは在宅医療における福祉用具の位置づけ、果たす役割についてどのようにお考えでしょうか。

山下 介護保険法では自立支援や尊厳の保持、生活の継続性といったことが謳われており、最重要視されてきました。そうしたなか、福祉用具は高齢者の残存能力を活かし、自立支援を促すうえで土台となるものだと考えています。

　高齢者の状態は時間とともに変化しますが、福祉用具はレンタルが可能で、その時々の状態に適したものを使えます。介護保険を利用している方のうち約6割が福祉用具を使用しているのは、そうし

たニーズがあるからだと思います。また、福祉用具を有効活用することで労働力不足を補うことができ、増大する社会保障費の低減にも寄与できます。

内田 在宅医の立場からも、患者さんが自宅で自分らしく過ごすために福祉用具が果たす役割は非常に大きいと実感しています。電動ベッドがあれば立ち上がるのが楽になりますし、車イスを使うことで移動もしやすくなります。失った身体機能を補完するうえで、福祉用具は非常に重要な存在ですね。

山下 福祉用具は介護サービスの土台であるという考え方が社会に浸透しておらず、普及・啓発が大きな課題になっています。

　実際、介護現場でもケアマネジャーさんがケアプランを作成する際に、福祉用具は後回しになります。「デイサービスは何回行きたいですか」「ヘルパーは何回使いたいですか」と要望を聞くうちにサービスの上限額がどんどん減り、最後に残った金額を福祉用具

に使うというケースが少なくありません。この順序がそもそも間違っているというのが私たちの考えです。

　介護サービスは住環境整備から始めることが大切です。そこから何が足りないのか、何ができないのかを把握し、デイサービスやヘルパーの利用を検討したほうが利用者本人の尊厳の保持や自立支援につながるはずです。しかし、そうした順番でアセスメントしているケアマネジャーさんは少なく、福祉用具専門相談員も適切なプレゼンができていません。まずは土台となる福祉用具で住環境を整備したうえで、ほかのサービスを利用するという流れに変えていく必要があります。

内田 確かにそうですね。たとえば、居宅で過ごしていた利用者さんの状態が悪くなったときに、すぐに施設に移るように提案をするのではなく、利用者さんが居宅を望んでいるのであれば、その願いを最優先に考えることが大事だと思います。いまは在宅医療も進化していますし、福祉用具をうまく使って住環境を整備すれば、居宅

山下和洋（やました・かずひろ）

1987年生まれ。2010年慶應義塾大学法学部法律学科を卒業後、株式会社ヤマシタ入社。2013年、先代社長であった父が急逝し、25歳の若さで代表取締役社長に就任。以降、経営基盤の強化や事業の選択・集中などの変革を推し進め、就任当時から約4倍の利益を稼ぐ会社に成長させる。創業者である祖父、2代目である父を持ち、小学校で社会保障制度に関する卒業論文を執筆。高校時代には、福祉用具専門相談員の資格を取得。2020年、ダイヤモンド経営者倶楽部「Management of the year」受賞。

のまま最期まで過ごせるのではないでしょうか。

福祉用具はどのような基準で選ぶべきか

内田 正直なところ、福祉用具の選び方が難しくてよくわかりません。どんな基準で選ぶのがよいのかアドバイスいただけますか。

山下 福祉用具を提供している側の視点から言うと、アセスメントとモニタリングの2つが重要だと考えています。

アセスメントとは、本人がどうなりたいのかという希望を確認することです。たとえば、外出したいとか、床ズレをなくしたいといったニーズを聞きます。そのうえで本人のADL（日常生活動作）、身体状況を把握します。あとは介護力も重要です。たとえば、車イ

スがあっても押せる人がいるのか、段差はあるのかないのか、廊下幅はどれくらいかなど、さまざまな角度から総合的に判断して、最適な福祉用具を提案しなければいけません。それができていないと、せっかく車イスを使っても、どこかでつまずいてしまい、悪いサービスになってしまいます。

一方、モニタリングとは、状況変化の確認です。アセスメントを行い、最良と考える福祉用具を提供したとしても、住環境や介護力、本人の意志などに変化が起きると最良でなくなってしまうことがあるからです。その変化を適切に見

極めて再提案することが大事で、それができるか否かによってサービスの質に差が生まれます。

もう1つ、歩行の支援に関する最近の取り組みとして、AI（人工知能）を使った歩行解析ツール「CareWiz トルト」の活用があります。「CareWiz トルト」を活用することで、利用者の歩行状態を見える化し、福祉用具の有り無しによる歩行の違いや福祉用具の必要性を、客観的なデータを元に提案することができるようになりました。

内田 AIによるサポートは、心強いですね。患者さんが自宅で幸せに暮らすためには、福祉用具の専門家の適切なアドバイスが受けられるかどうかは非常に大きいと思います。

在宅医療では何かあったあとに訪問することも多く、たとえば、手すりがあれば転ばずに骨折することもなかったということがあります。転んで骨折して車イスになったからバリアフリーにしましょうというケースが多いのですが、それは逆だということです。病院から在宅に移る段階で住宅改修をして手すりを1つつくっておけば、転ばずに済み、高額な医療費も必要なかったかもしれません。そういうところまで考えて福祉用具を提供していただけるプロがいるととてもありがたいですね。

また、施設ではいまだに古い車イスを使っているところがあります。それを最新のものに替えるだけで、食事もとりやすくなるし、トイレも楽になるでしょう。なぜ替えないのかというと、理由の1つは専門家の不在です。福祉用具のレンタル業者はたくさんありますが、施設に足を運んで現状を把握するようなことをしません。いろいろな施設で話を聞くと、ヤマシタさんが最も頻繁に来られて、ほかの業者の2〜3倍は多く訪問されているそうですね。

山下 定期的にモニタリングすることで、レンタルの価値が高まると考えています。実は法律では6か月に1回の確認が義務づけられていますが、電話して問題がなければよいとされています。しかし、電話だけでは専門業者の存在価値がないということもあるので、当

151

社では6か月に1回の訪問を基本にしています。以前は3か月に1回は訪問していましたが、コスト面などを考慮して回数を減らした一方、急ぎのニーズにも対応できる体制を整えています。

また、使わなくなった福祉用具がそのまま放置されていて、レンタル代が請求されているケースも少なくありません。それは社会保障費の無駄にもつながりますので、モニタリングを徹底しています。

「お客様を原点に」を目指し、顧客ニーズに365日対応※

内田 ヤマシタさんは365日対応なので私たちも非常に助かっています。静岡ではそういう業者はほかになく、ほとんどが土日や年末年始は休んでおり、困ることがあります。たとえば、患者さんが寝返りを打てなくなったら、ベッドマットをよいものに替える必要があります。褥瘡は早ければ2時間くらいでできますから、土日休みだとすぐに対応できず、待つ必要があります。また、年末年始にお看取りをした場合でもベッドを交換できません。そういう場面でヤマシタさんには何度も助けていただきました。われわれと同じスタンスで動いてもらえるのはすごくありがたいです。もちろん、企業として365日対応は容易なこ

とではないと思いますが、レンタル業者を選ぶ際に絶対的な差になります。

山下 そう言っていただけるのはすごくうれしいです。実際のところ土日祝日に対応した件数は少ないのですが、それでも何か起きたときに素早く対応できる体制を整えておくことが大切です。地域包括ケアシステムの構築においても、そうしたサービスは不可欠だと考えています。同業他社の経営者からは土日祝日も対応をすれば負担を強いられる社員から反発を受けるという話をよく聞きますが、当社には「お客様を原点に」という行動指針があり、社員はそれに基づいた当然の行動だと認識しています。

※一部を除く

内田　それだけ意識の高い、優秀な社員が多いのでしょうね。何か教育などはされているのですか。

山下　専門的なスキルを身につけるために、研修と OJT を組み合わせた人材育成に力を入れています。研修は Off-JT のイメージで、座学で福祉用具の知識を体系的に学びます。研修専門チームがあり、年間 300 日くらいは全国各地で研修を実施しています。

　研修は独自に開発した専門性のアセスメントがあるので、それに応じて階層別に行っています。ほかにも営業力やマナー、マネジメントなどの一般的なビジネススキルを学ぶ研修もあります。継続的に人材育成をしていくことで社内のレベルの底上げを図っています。

医療者側の努力なくして 医療と介護の連携は進まない

内田　先ほど地域包括ケアシステムのお話が出ましたが、地域包括ケアシステムを構築するうえで、多職種連携は不可欠です。医療者側と福祉用具業界がうまく連携するために大事なこと、福祉用具側から見た医療者側の課題など率直な意見をお聞かせいただけますか。

山下　現場の社員からの声で多いのは医療者、特にドクターとの距離が遠いという意見です。内田先生のように話しやすいとよいのですが、一般的にドクターは敷居が高く、遠慮してしまうようです。

もちろん、先生方は忙しすぎて対話する時間がとれないという根本的な問題もあると思います。また、ドクターの発言は絶対だという思い込みがあり、トップダウンでものごとが決まるため、双方向の対話になりにくいと現場では感じているようです。

内田　ケアマネジャーを対象とするアンケート調査などでは、医師とのコミュニケーションが断トツで１位になっています。私は 32 歳で開業しているので若いほうですが、開業医の多くは 40 〜 60 代で、医者が偉いという時代の人

153

たちです。医者になると新人でも指示する側になるので、それが染みついてしまっているのでしょうが、お恥ずかしい限りです。

　地域包括ケアシステムの5つの構成要素（住まい・医療・介護・予防・生活支援）のうち、われわれ医療はその1つでしかありません。それぞれがプロで対等でなければならないはずで、実際に私は福祉用具のことを知らないわけですから、「よろしくお願いします」と頭を下げるしかありません。

　コミュニケーションの円滑化においては、医療者側が意識的に声をかけるなどしてハードルを下げる努力をしなければいけないと思います。一般の開業医は外来と訪問を同時にしているので、時間的余裕がないのは事実です。われわれの場合は在宅専門で移動時間が多く、他職種からの問い合わせなどへの対応は比較的早くできます。事務スタッフへの指示やメールの返信はできるだけ早く対応するように心がけています。

　当法人では医療連携室のスタッフが他職種の方に話を聞きに行ったりしています。医者よりも専門の事務スタッフが聞いたほうが本音を話しやすいこともあります。また、サービス担当者会議をケアマネジャー中心で開くと、われわれの担当者が呼ばれないこともあるので、仲間に入れてもらえるように声がけをしています。

山下　内田先生のような謙虚な姿勢のドクターは珍しいと思います（笑）。それが世代によるものだとすれば、徐々に変わっていくことを期待しています。対話が生まれると、われわれも医療の知識を学ばなければいけないという意識になり、お互いに課題を認識し合えるのかなと思います。

オンライン診療が普及すれば
在宅医療・介護は変わる

内田　これからの在宅医療・介護についてはどのように見ていらっしゃいますか。この業界は成長産業とも言われていますが、お考え

をお聞かせください。

山下　確かに成長産業かもしれませんが、社会保障費で賄われていることを考えると、どんどん伸びているというのは喜ばしいことではありません。今後は生産性の向上や効率化を進めることが重要になってきます。カギを握るのはIT化だと私は思っています。たとえば、カンファレンスもオンラインで行い、役所と事業者間や事業者同士、事業者と利用者などの情報共有もIT化を推し進めていくことが大事だと思います。

内田　在宅医療もIT化が進み、業界全体として効率化が図られていくと思います。その1つはオンライン診療の浸透です。医療の質

の担保という課題はありますが、医療費は確実に安くなります。

山下　オンライン診療が進むと介護の世界も変わると思います。たとえば、独居の高齢者でもインターネット環境が当たり前になれば、住宅環境を把握できるようなシステムの導入が進みます。そこから派生してサービスの幅も広がるのではないかと思います。車イスで移動するときのアシストを動線に合わせてきちんとプログラムすることも可能になります。常にアシストすると自立の妨げになりかねないので、必要なときだけアシストするような工夫は必要です。

内田　福祉用具からデータがもらえるようになるかもしれません

ね。ベッドなどでは患者さんの状態を常時測定できる機能が付加されてきていますが、それらのデータをAIがある程度判断するなどすれば、われわれの仕事も楽になります。在宅医療はAIやIoTで質が大きく向上し、訪問する時間も効率化できるでしょう。

ただ一方で、オンライン診療はきちんと制度設計をしないと、医療の質の低下につながる懸念もあります。たとえば、在宅医のなかには24時間365日は働きたくないという理由で、オンライン診療で楽をしようとする先生も出てくるかもしれません。

われわれは「動く総合病院」「最後の砦」という立ち位置で、看取りもするし、どちらかというと手のかかる患者さんを診ていますが、そこの部分はIT化が進んでも必ず人が行かなければいけないので、そこをやり続けることが使命だと私は思っています。加えて、患者さんが人生の最期の場所を自分で決められていない現実があり、われわれとしてはそこを変えたいと思っています。現状は患者さん本人の気持ちや思いは軽視されがちで、病院側が退院先を決めてしまいます。

山下 患者さん本人の意志の確認が基本にあるということですね。患者さんが在宅医療を望んだとして、よい在宅クリニックとそうでないところを見極めるポイントはありますか。

内田 アウトカムを見るのが一番ですが、実際は難しいですね。たとえば、メディアなどで全国の看取りランキングを出したりしていますが、余命1か月の患者さんを担当して合計2回しか訪問していない場合でも看取り数は1回とカウントされます。当院では患者さん1人当たり平均30回くらいは訪問していますが、看取り数は同じ1回です。その差は表に出にくいのですが、1つの指標となるのは看取り率です。在宅で看取れば看取り率は上がり、病院に入院して亡くなった場合は看取り率が下がります。看取り率の全国平均は約50%で、当法人の本院は95%くらいです。

信頼できる職員・社員がいなければ
これからの経営は成功しない

内田 最後に経営者としてのお考えをお聞きしたいのですが、これからの介護業界で経営者にはどのような資質が求められますか。

山下 学習し続ける力だと思っています。時代の変化に比べ介護業界は変化が遅いと言われていますが、今後は劇的に変わっていくでしょう。学習し続けないと変化に適応できなくなります。

具体的には、「人」「IT」「グローバル」の3つが重要です。学習し続けている人の周囲には同じ思考を持った人が自然と寄ってきますし、組織や連携面においても学習し続けている人の近くには変化に適応できる人たちが集まってきます。結果的によりよいサービスが提供できます。

ITもどんどん変化していきます。プログラミングの世界ではC言語はもはや古く、Python（パイソン）を使ってデータ分析をすることが当たり前になってきており、大企業でも社員に勉強するように促しています。われわれも

キャッチアップできないと遅れてしまいます。

グローバルについては、日本は人口減少でGDPが下がっていくので、どのようにして世界にマーケットを広げていくかが大事になります。当社はまだまだできていませんが、グローバル化に備えて適応できる体制を整えなければならないと考えています。

内田 山下社長のおっしゃるようにいまは変化の激しい時代です。在宅医療もこの5年で保険点数の大きな変化が2〜3回あり、強制的に売り上げが3割カットされることもありました。変化に対応できるような経営ができないと、今後は難しいのではないかと危機感を抱いています。

経営が厳しい時代に大事なのは、職員からの信頼だと考えています。そのためには自分自身がまず職員一人ひとりを好きになることが必要で、それができないと患者さんも大事にできないと思っています。山下社長は若くしてトッ

プになられたわけですが、社員との関係で何か気をつけていることはありますか。

山下 判断が難しい課題があるときは、自分が信頼できる優秀な社員の意見を必ず聞くようにしています。できる限り精度を高めたいので、真剣に仕事をしていて、スキル・能力が高く、人間的に魅力的な社員が別の意見を持っていれば、その意見を参考にします。そういう社員が周りにいることが大事だと思っています。

対談

4

長尾和宏

長尾クリニック名誉院長

患者さんの不安に寄り添い
"楽しい"在宅医療を
実践するために

患者さんとの信頼関係がなければ
在宅医療は成立しない

内田 長尾先生は在宅医療の先駆者のお１人で大先輩です。大変緊張していますが、いろいろとお話をうかがえたらと思っています。

長尾 内田先生はおいくつですか。

内田 2022年7月で40歳になりました。

長尾 バリバリですね。僕が開業したのは1995年で、27年経ちました。11年間ほど勤務医を経験した頃に阪神・淡路大震災が起きて、それを機に幼少時代を過ごした兵庫県尼崎市で開業しました。それが36歳のときです。いまの内田先生のように若かったの

ですが、気づいたら爺さんになっていた（笑）。内田先生もあっという間なので、自分のやりたいことをどんどん実現していってください。分院も出されていて、すでに実現しているのではないですか（笑）。

内田 いえいえ（笑）。当法人のクリニックは在宅専門ですが、長尾先生は外来も診られており、コロナ禍では早くから発熱外来にも力を入れていました。同じ開業医として尊敬の念に堪えません。

長尾 僕は町医者として外来も在宅も同じように診ていて、他の医

師にも基本的に両方診ることを義務づけています。午前は外来、午後は在宅で診察していて、日によっては逆のパターンもあります。常勤医師は８人いて外来は４人体制です。

コロナの患者さんを診ているのは多くの国民が不安に怯えているからです。コロナに感染すると隔離されて孤独になりますし、東京や大阪などの大都市では入院できないケースが増えました。患者さんは医者と話をすると落ち着きます。不安に寄り添うことが在宅医療の基本であり、本質です。

がんなどで入院し、病院から在宅に帰ってくると病院の不平、不満を言う患者さんは多いですよね。その原因のほとんどは医者が十分に話を聞いていないなど感情的なことです。つまり、病院では患者さんの不安に寄り添えていないのです。寄り添うというのはありふ

れた言葉ですが、それをきちんと確実に実践していくのが僕らの仕事ではないかなと思っています。

内田 確かにそう思います。

長尾 聖路加国際病院名誉院長の日野原重明先生は生前、「医療はアートだ」とおっしゃっていました。まさにそのとおりで、サイエンスに基づいた治療よりも患者さんそのものを診ることが求められる在宅医療は、特にアートだと僕は思っています。日野原先生は僕の憧れであり、プロ野球でいうと王貞治さんや長嶋茂雄さんみたいな存在です。日野原先生を目標にずっとやってきました。プライマリ・ケア、全人的医療、総合診療など呼び方は何でも構わないのですが、患者さんそのものを診るという意味では在宅も外来も同じなんです。そして、予防医学、がんの早期発見など自分ができることは全部やりたいという意識が強

長尾和宏（ながお・かずひろ）
1984年東京医科大学卒、大阪大学第二内科入局。現在、長尾クリニック名誉院長。外来診療と在宅医療に従事。医学博士。公益財団法人日本尊厳死協会副理事長、日本ホスピス在宅ケア研究会理事、関西国際大学客員教授。ベストセラー『「平穏死」10の条件』（ブックマン社）、『痛くない死に方』（ブックマン社）、『病気の９割は歩くだけで治る』（山と渓谷社）など著書多数。

く、コロナも同じです。コロナで困った人がいるなら診るのは当たり前だと考えています。

内田 当法人でもコロナの患者さんを何人か診ました。長尾先生をはじめ多くの先生方がさまざまな取り組みをされてきたおかげで、治療の選択肢は決まってきているし、僕は膠原病が専門でステロイドを使っているため、コロナの患者さんを診ることはある程度可能だと思っています。大事なのは患者さんの不安にどう寄り添うかで、それは病院よりも在宅の医師のほうが相性はいいはずです。病院のようにできることがないから開業医はかかわらない、放置するというのはあり得ません。

長尾 不安に寄り添うと言葉で言うのは簡単だけど、実際のスキルは難しく、女性を口説くのと同じでマニュアル化しにくい（笑）。コミュニケーションが非常に大事になります。うちのクリニックでは「笑い」を大切にしています。関西ということもありますが、患者さんが笑ってくれたら勝ちです。笑ってくれるということは居心地がいいと思っている証拠で、

自然に笑顔が出ます。在宅医療は病院よりも信頼関係を強くしないと成立しないし、信頼関係がすべてと言ってもいいくらいです。

内田 寄り添うことの難しさは日々感じています。うちは行動指針で「一緒に寄り添い、一緒に悩む」と謳っていますが、具体的に何をすればいいのかを言葉で説明するのはとても難しいと感じています。在宅医は患者さんを最期まで診るという覚悟をどれくらい強く持てるかが重要で、正解がないなかでも患者さんと一緒になって何ができるかを考えていく力が求められます。常勤医師には私の訪問に同行してもらい、実際の現場でこのケースはどう考えるかと問いかけながら理解を促すようにしています。

信頼関係についても先生のおっしゃるとおりです。たとえば、僕に連絡なしに患者さんが救急搬送されたら、負けてしまったという気持ちになり、落胆します。その患者さんやご家族にとって自分がどれだけ頼れる存在になれるかが問われます。

長尾 僕もまったく同感で、家で

看取りをすると決まっていたのに、病院に行かれら完全な敗北です。信頼されていなかったと自分の力不足を痛感します。そういう場合は必ずカンファレンスを開いて振り返りをします。すべての症例は無理ですが、教訓になるものはスタッフみんなで共有するようにしています。スタッフ個人を責めるのではなく、みんなで成長していく気持ちが大事だと思っています。

何が正解かを簡単に決められないからこそ
意見のぶつかり合いは必要

内田 医師をはじめとするスタッフの教育はどのように行っていますか。

長尾 医師の教育では、医学的なことの前に、まずは患者さんの生活を支えるためにはどうしたらいいかを教えていきます。具体的にはスタッフが何十人もいるなかで実際の診療風景のビデオを見ながら質問攻めにしますが、だいたいの医師は何も答えられません。患者さんの生活を見たり、介護保険のことを考えたりしたことがなく、看護師やケアマネジャーがクスクス笑うくらい無知なんです。ただ、無知は恥ずかしいことでは

なく、無知を自覚して成長していけばいいんです。当人はその恥をずっと覚えていて、あとから意地悪な質問をされたとか言いますが、そうして学んだ先生たちのなかには独立開業して僕よりいい家に住んでいる方もいます（笑）。

内田 すごいですね（笑）。

長尾 うちは小さな医科大学だと思っています。どこに出ても恥ずかしくない医師を育てたいと考えていて、厳しく教えるのも愛情の1つです。僕は外では割とニコニコしていますが、クリニックのなかではスタッフに厳しく接しています。気性が激しく怒ると壁をどつくこともあります（笑）。

内田 えっ、そうなんですか（笑）。

長尾 若い頃は僕よりも気性が激しい医師がいると、結構ぶつかりました。でも、医療は何が正解かを簡単に決められないからこそ、ぶつかり合いが大切です。院長がすべて正しいわけでもありません。ただし、院長が一生懸命考えている姿をスタッフに見せることが大事で、そうでなければ、一緒についていこうという気持ちにならないでしょう。

そもそも医師ほど個性の強い人たちはいないと思っています。だけど、根底には医療者としてのスピリットがあって、そこは感じ取ってあげたいと思っています。ただ、性格は重視していて、優しさと向上心、そして協調性は必要だと考えています。

内田 同感です。僕も医師はいろんな個性があっていいし、先生のおっしゃるスピリットに近いかもしれませんが、根っこの部分で方向性が合致していれば、一緒にやっていけると考えています。最初はうまく診療できなくても、在宅医療に対する想いがしっかりしている先生だったら大丈夫だと見ています。それは自分自身がそうだったからです。

僕は一人ひとりの患者さんに寄り添うことくらいしかできていませんが、それでもこの業界でやっていけているので、自分の実践している在宅医療は間違っていないと思っています。常勤医師には立派な論文を書いてくださいとは言えませんが、患者さん一人ひとりへの向き合い方を学んでもらえれば、他の地域で在宅医療を始めて

も胸を張って診療ができるように

なると伝えています。

患者本人と家族が満足する
「笑いのある看取り」を実現したい

内田　先ほどおっしゃられた「笑い」についてですが、われわれの法人では「笑いのある看取り」をすごく大事にしています。

　以前、同じ日に２人の方を看取ったときに、片方の家族は笑顔があり、もう片方は泣いてばかりでした。笑顔がある家族のほうは、エンゼルケアのときも一緒に身体を拭いてくれたりして、すごくいい雰囲気でした。もう片方の家族はおじいちゃんかわいそうだねという感じで、ただただ悲しい雰囲気に包まれていました。

　振り返ると、後者の家族は点滴のときの着替えなどを看護師と一緒にできていませんでした。せっかく家で一緒に過ごしているわけですから、家族が療養の過程にかかわれるように僕たちが声かけをして促すべきだったと反省しました。家族に囲まれて、家で最期を迎えることを望んで在宅を選んだわけですから、本人だけではなく、

家族も満足して笑いのある看取りにすることが大切です。そこはクリニックをあげて実現できるように努力しています。

長尾　笑いのある医療が提供できるのは在宅のよいところだと思います。僕は、在宅医療の最大のキーワードは「楽しむ」だと思っています。そのため、患者さんを集めて吉本新喜劇を貸し切って見に行ったり、ホテルでクリスマスパーティーを開いたり、花見や夏祭りを行うなど、年に数回はイベントを開催してきました。梅沢富美男さんを招いて一緒に写真撮影をしたこともありますが、その写真は亡くなられたときの遺影になったりします。いまはコロナ禍で開催できないので、寂しく感じています。

内田　素晴らしい取り組みです。準備などは大変ではありませんか。

長尾　職員は大変ですよ（笑）。でも、おもしろいでしょ。呼吸器

165

をつけた神経難病の患者さんや胃ろうをつけた方も参加します。食事はできなくても笑ってもらうことが目的ですから問題はありません。パーティーなどでは最初に僕

が芸を披露して、職員は出し物をしますが、医師の意外な一面が見られることもあります。とにかく患者さんも家族も職員も楽しむことが大事です。

後進の育成こそが使命
教育を通して地域に貢献する

内田 先生は日々の診療のほか、ブログやユーチューブなどで情報発信をし、著書の出版、テレビ出演、さまざまな団体の活動など精力的に活動されています。そのエネルギーはどこから湧いてくるのでしょうか。

長尾 よく聞かれますが、貧乏性だからだと思います（笑）。僕は母子家庭で育ち、すごく貧乏でした。大学の学費も自分でアルバイ

トをして稼いだくらいです。だから何がモチベーションかと聞かれたら貧乏性と言うしかありません。それと、ストレスを発散する目的もあります。病院を経営していないのに日本慢性期医療協会の理事を務めていますが、協会の活動はいろんな人と会ってお酒を飲めるから楽しい（笑）。

　日本慢性期医療協会では総合診療の講座を長く担当しています。

在宅と病院の両方を知っている医師は少なく、病院の先生方に在宅医療を教えるのは有意義なことだと思っています。在宅と慢性期病院ではビックリするくらい考え方が違います。

内田 後進の育成に力を入れているわけですね。

長尾 年相応の役割があると思っています。内田先生はまだお若いので、事業の発展に力を入れている段階だと思いますが、僕はいま64歳で事業や経営よりも後進を育てることが大きな責務です。

たとえば、これまでは病院から在宅に戻ってきた初診の患者さんはすべて僕が診ていたのですが、それをやめました。いまの自分の使命は何かと言われたら、診療よりも教えることです。もともと教師志望だったこともあり、教える

ことが好きなんです。校医をしている高校の夜間部でもボランティアで命の授業をしています。

また、地域の多職種連携を推進するために勉強会を定期的に開催しています。在宅医療は医者1人ではできません。訪問看護師やケアマネジャー、ヘルパーなどがチームとなって支えることが重要です。そのほか、尼崎のケアマネジャーなら誰でも参加できる「尼から連携の会」をつくり、国立認知症大学では学長も務めています。

医療法人も企業と同じで、CSR（社会的責任）が大事だと思っています。収益の一部を地域に還元しなければいけません。僕はそれを教育という形でやっています。地域の多職種を巻き込んで、みんなが仲よくする土台をつくるのが僕の役割です。

職員が入職してよかったと思える
クリニックをつくる

内田 お話をうかがっていて、すごい人はどこまでもすごいんだなと感動しています。

長尾 先生だって4つもクリニッ

クを経営しているのだからエネルギーはすごいですよ。夢があるからできるのだと思います。いまは若いから大丈夫だと思いますが、

健康には気を付けて仕事はほどほどがよいと思います。

　ほどほどがよいのは、そのほうが自分も幸せになれるし、職員も幸せになれます。事業拡大などで忙しすぎるとスタッフが離職したり、トラブルも増えたりします。せっかく自分の法人に入ってきてくれたのだから、「入職してよかった」と思ってもらえるようにしたい。チーム力を高めるためには職員にも寄り添わなければいけません。

　開業した当時、少し年上の開業医が職員をたくさん雇っていて暇そうにしていました。理由を聞いたら少し余裕があったほうがいいと言うのです。経営者はついつい効率を考えてしまいがちですが、働きやすい職場環境をつくるのも経営者の仕事です。それもあって夜間は僕が１人で対応しています。

内田　えっ、本当ですか。常勤の先生が８人いらっしゃるのに。

長尾　オンコールの先生は１人もいません※。うちの医師は基本的に９〜17時の勤務で、当直なしの週休３日制にしています。64歳で24時間365日、ケータイを持って600人くらい診ているのは全国で僕くらいだと思います。よく死なないでやっているなと感じます（笑）。

内田　先生がおっしゃるように職員のマネジメントは課題です。開業してわかったのは、人の管理が一番難しいということです。患者さんに寄り添うほうが自分には向いていて、職員に寄り添うのは本当に大変です。でも、せっかくうちに来てくれた職員ですから大切にしたいですし、法人やクリニックのことを思ってくれる幹部は特にありがたいです。自分１人でできる規模ではなくなっているので、職員と一緒に職員が誇りに思えるクリニックをつくるという気持ちが最近は強くなっています。

長尾　内田先生は若いですから、これからが楽しみです。夢に向かって突っ走ってほしい。ご活躍を期待しています。

※収録当時（2021年8月20日）

おわりに

　本書は、『在宅専門医という生き方』のタイトルのとおり、在宅医療に専門特化した医師の生き方について論考しました。

　私たちは、医療のプロフェッショナルとして、患者様の病気や怪我を治療することはもちろんのこと、「その人らしさ」に寄り添った健康と幸福に貢献することが使命であると考えています。

　在宅医療は、患者様に対して、自宅で安心して療養できる環境を提供することができ、医師にとっても患者様とご家族と密にコミュニケーションを取りながら、より良い医療を提供することができます。

　在宅医療は、超高齢社会が進展するなか、多くの患者様やご家族の最後まで自宅で過ごしたいという希望を実現することができるため、医療の分野でますます注目されていますが、病院医療とは異なる関わり方や、医療者としての心構えは大きく異なります。1,000人以上のお看取りを経験しましたが、その中で1つたりとも同じものはありません。ガイドラインに当てはまるものはなく、いかに在宅医として「その人らしさ」に寄り添うことができたのか、「対話」をすることができたのかが、患者様、ご家族の最期のときの満足度につながるものであると確信しています。

　本書では、在宅医療に特化した医師の医療活動を紹介するだけでなく、医師としての仕事と生活におけるバランスの取り方、医療現

場でのストレスマネジメント、患者様やご家族とのコミュニケーション方法、診療所経営など、幅広い面から在宅医療に焦点を当てました。

　この本が、在宅医療に興味を持っている方々や、医療のプロフェッショナルとして成長したい方々のお役に立てることを願っております。

2023 年 3 月吉日
医療法人社団 貞栄会 理事長
内田貞輔

内田 貞輔 <small>（うちだ・ていすけ）</small>
医療法人社団貞栄会理事長／医学博士

栃木県出身。2007年聖マリアンナ医科大学卒業。13年聖マリアンナ医科大学内科学講座助教。15年より静岡ホームクリニック院長。16年11月に同クリニックを法人化し、医療法人社団貞栄会を設立。静岡市駿河区を中心に在宅医療に従事してきた。また、東京都港区には「三田在宅診療クリニック」、千葉県千葉市には「千葉在宅診療クリニック」、愛知県名古屋市には「なるみ在宅診療クリニック」がある。

【専門医資格】※2022年12月現在
日本在宅医療連合学会在宅専門医・指導医、日本プライマリ・ケア連合学会認定医・指導医、日本リウマチ学会リウマチ専門医・指導医、日本アレルギー学会アレルギー専門医、日本内科学会総合内科医、日本緩和医療学会緩和医療認定医、日本抗加齢医学会専門医、難病指定医師、肢体不自由児指定医師

- 取材・編集協力／田之上 信
- 装幀／鈴木 由夏理（株式会社サンビジネス）
- 本文デザイン・DTP／株式会社サンビジネス

在宅専門医という生き方
「動く総合病院」が診療所経営を変える

2023年3月27日　初版第1刷発行

著　者　内田 貞輔
発行者　林　諄
発行所　株式会社日本医療企画
　　　　〒104-0032　東京都中央区八丁堀3-20-5
　　　　S-GATE八丁堀
　　　　TEL03-3553-2861（代表）
印刷所　図書印刷株式会社

ISBN 978-4-86729-166-5　C3034
© Teisuke Uchida 2023, Printed and Bound in Japan